메이커 다은쌤의

3D 프린팅을 위한
틴커캐드

ISBN 978-89-314-6306-4

* 이 책의 사진은 Autodesk사의 Tinkercad 화면을 캡쳐하였습니다.

독자님의 의견을 받습니다.

이 책을 구입한 독자님은 영진닷컴의 가장 중요한 비평가이자 조언가입니다. 저희 책의 장점과 문제점이 무엇인지, 어떤 책이 출판되기를 바라는지, 책을 더욱 알차게 꾸밀 수 있는 아이디어가 있으면 팩스나 이메일, 또는 우편으로 연락주시기 바랍니다. 의견을 주실 때에는 책 제목 및 독자님의 성함과 연락처(전화번호나 이메일)를 꼭 남겨 주시기 바랍니다. 독자님의 의견에 대해 바로 답변을 드리고, 또 독자님의 의견을 다음 책에 충분히 반영하도록 늘 노력하겠습니다.

이메일 : support@youngjin.com
주 소 : (우)08507 서울특별시 금천구 가산디지털1로 128 STX-V타워 4층 401호 (주)영진닷컴

STAFF
저자 전다은   **총괄** 김태경   **진행** 정소현   **디자인·편집** 영진닷컴 디자인팀
영업 박준용, 임용수, 김도현   **마케팅** 이승희, 김근주, 조민영, 김예진, 이은정   **제작** 황장협   **인쇄** 제이엠

메이커 다은쌤의

TINKER CAD

전다은 지음

3D 프린팅을 위한
틴커캐드

YoungJin.com Y.
영진닷컴

머리말

3D 모델링을 대학에서 전문적으로 배운 나에게 틴커캐드는 신세계였다. 간단한 도형을 이용해서 척척 만들어지는 모델링과 직관적이고 쉬운 사용성은 너무 매력적이었다. 더하여 전 세계 누구나 무료로 사용할 수 있다는 장점까지!

하지만 틴커캐드는 한국에 잘 알려지지 않은 프로그램이었고, 영어라는 이유도 사용하기에 높은 장벽이었다. 그래서 좋은 프로그램을 많은 사람에게 알려주고 싶었다.

2015년 틴커캐드로 3D 모델링 교육을 마치고 돌아온 어느 날, 질문이 들어와 답장을 보내기 위해 메시지를 쓰고 있었다. 이렇게 적어도, 저렇게 적어도 도저히 모델링을 글로 설명할 수 없었다. 글이 아니라 화면을 보여주는 동영상이 필요하다고 느꼈다.

2016년 1월 4일, 처음으로 틴커캐드를 소개하는 인터넷 방송을 도전했다. 엄청난 흥행을 기대했지만, 첫 실시간 인터넷 방송은 8명 시청했다. 방송 시간을 맞추기 어렵다는 주변 사람들의 말에 그날 유튜브를 개설했다. 채널 이름은 "메이커 다은쌤". 인터넷 방송을 녹화했던 영상이 채널의 첫 영상으로 올라갔다.

틴커캐드가 알려지면서 한국의 사용자가 늘어났다. 무료 사용과 쉬운 접근으로 학교에서 사용자가 늘었다. 2017년, 틴커캐드에서 한글을 지원해주기 시작하면서 지금은 더 많은 사람이 편하게 사용하고 있다. 2019년 한국은 전 세계에서 틴커캐드 사용자 2위 국가가 되었다(1위는 자국인 미국). 내심 뿌듯하다 :)

유튜브 '메이커 다은쌤' 채널에는 내가 느끼는 만드는 즐거움과 경험을 나눠주기 위해 꾸준히 영상이 올라가고 있다. 지금은 '해외 메이커 페어 영상, 메이커 교육, 메이커 탐구생활' 등 메이커에 관련된 다양한 영상들도 있지만, 여전히 가장 많은 수를 차지하는 것은 틴커캐드 영상이다. 특히, 틴커캐드가 대대적인 업데이트가 될 때마다 2016, 2017, 2019년 '다은쌤의 틴커캐드' 강의

영상도 모두 새로 찍어 올렸다. 뿐만 아니라 유튜브 'Eunny' 채널에도 틴커캐드로 만든 작품 영상을 꾸준히 올리고 있으며, 다은쌤은 미국 본사에서도 알고 있는 틴커캐드 열혈 사용자이다.

이제는 틴커캐드 뿐만 아니라 저가형 3D 프린터 사용자도 계속 늘고 있다. 인터넷에 돌아다니는 파일을 다운로드받아 3D 프린터로 출력하면 처음에는 재미있지만, 금세 흥미를 잃기 마련이다. 모델링을 직접 할 수 있다면 3D 프린터로 만들 수 있는 가짓수는 끝없이 늘어난다.

3D 프린터는 아무거나 출력할 수 있는 요술 상자처럼 들릴지 모르지만, 실상은 아직 발전 중인 기계이다. 그래서 처음 3D 프린터를 만나면 예쁜 쓰레기를 출력하며 실패를 경험한다. 누구에게나 처음이 있듯이 실패는 당연하다. 층층층 쌓아서 올리는 FDM 방식의 3D 프린터를 이해하고 모델링을 할 수 있다면, 출력 실패율 또는 출력 시간을 줄일 수 있다. 그뿐만 아니라 3D 프린터로만 만들 수 있는 재미난 형상도 만들 수 있다.

FDM 3D 프린팅을 이해하고 안정적인 모양을 만들기 위해, 더 재미난 출력물을 만들기 위해 이 책을 준비했다. 브림, 서포트, 외벽 크게 3개의 주제로 나눠 총 10개의 모양을 소개한다. 책에서 소개되는 방법을 따라 할 수 있겠지만, 시작과 끝에 다양한 질문들을 적어 두었다. 조금만 응용하면 책에서 나온 모양보다 더 멋진 모델링, 출력물이 나올 것이다.

틴커캐드로 만드는 3D 모델링에 이어 3D 프린터로 만드는 즐거움을 시작해보자!

메이커 다은쌤 :)

이 책과 함께 동영상 활용하기

01 틴커캐드 – 시작하기, 더 알아보기, 응용하기

틴커캐드를 가입하고 시작하자. 3D 모델링에 사용되는
가장 기초적인 기능을 배울 수 있는 영상과 책이다.

https://bit.ly/TINKERCAD2019

메이커 다은쌤의
틴커캐드 2nd Edition

02 틴커캐드 – 모델링과 3D 프린팅

틴커캐드에서 만든 모델링을 손으로 만질 수 있는 3D
프린터로 출력해보자. 3D 프린팅의 적합한 모양과 재미
난 출력물을 만들 수 있다.

https://bit.ly/TINKERCAD2020

**메이커 다은쌤의
3D 프린팅을 위한 틴커캐드**

단축키 기능 정리

틴커캐드에서 자주 사용되는 단축키를 정리한다.
자주 사용하는 순으로 정리하며, 알고 있으면 모델링 작업이 수월해지지만 몰라도 지장은 없다.

도형 이동

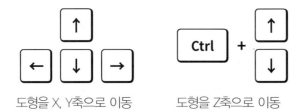

도형을 X, Y축으로 이동   도형을 Z축으로 이동

SHIFT

| Shift | 도형 크기 같은 비율로 변경하기 / 45°씩 회전하기
클릭으로 여러 도형 선택하기 / 일직선상에 도형 움직이기 |

| Shift | + | Alt | 도형 중심 위치 고정하고
같은 비율로 크기 변경하기 |

그룹 만들기 / 해제

| Ctrl | + | G | | Ctrl | + | Shift | + | G |

그룹 만들기   그룹 해제

CTRL

| Ctrl | + | C |
도형 복사하기

| Ctrl | + | V |
복사된 도형 붙이기

| Ctrl | + | D |
도형과 명령 복제하기

| Ctrl | + | Y |
명령 복구

| Ctrl | + | Z |
명령 취소(뒤로 가기)

| Ctrl | + | A |
모든 도형 선택하기

단일키

W 작업 평면 만들기   **F** 화면 시점 맞추기   **H** 도형을 구멍 도형으로 만들기

R 눈금자 불러오기   **D** 도형을 작업 평면에 붙이기   **S** 구멍 도형을 도형으로 만들기

L 정렬 기능 불러오기   **M** 반전 기능 불러오기   **T** 도형을 투명하게 보이기

CONTENTS

PART 00 | 들어가기

01 3D 모델링과 틴커캐드   14

02 3D 프린터   15

03 다양한 종류의 3D 프린터   16

04 FDM 3D 프린터의 출력 과정   18

05 3D 프린팅을 위한 모양과 슬라이서 이해   20

PART 01 | 브림과 모델링

01 단면 열쇠고리   30

  1 틴커캐드로 모델링

  2 FDM 3D 프린터로 출력하기

02 양면 열쇠고리   35

  1 틴커캐드로 모델링

  2 FDM 3D 프린터로 출력하기

03 액자 프레임   46

  1 틴커캐드로 모델링

  2 FDM 3D 프린터로 출력하기

PART 02 | 서포트와 모델링

01 호박 등 + LED 캔들   60
  1 모델링 들어가기 전에
  2 틴커캐드로 모델링
  3 FDM 3D 프린터로 출력하기

02 연결된 사슬   78
  1 틴커캐드로 모델링
  2 FDM 3D 프린터로 출력하기

03 우주 비행기   88
  1 틴커캐드로 모델링
  2 FDM 3D 프린터로 출력하기

04 미니 신전   110
  1 틴커캐드로 모델링
  2 FDM 3D 프린터로 출력하기

PART 03 | 외벽과 모델링

01 다용도 그릇   136
  1 틴커캐드로 모델링
  2 FDM 3D 프린터로 출력하기

02 팔찌   145
  1 틴커캐드로 모델링
  2 FDM 3D 프린터로 출력하기

03 미니 트리 + LED 캔들   163
  1 모델링 들어가기 전에
  2 틴커캐드로 모델링
  3 FDM 3D 프린터로 출력하기

PART
00

들어가기

모델링을 3D 프린터로 출력하기 이전에 알아야 할 것은 무엇일까요?
3D 프린터의 여러 종류 중 FDM 3D 프린터의 사용 방법을 이해합니다.
또한, 안전하게 출력물을 얻기 위해서 알아야 할 모양과 슬라이서에서
사용되는 기본 용어들을 짚고 넘어갑니다.

1 ㅣ 3D 모델링과 틴커캐드

2 ㅣ 3D 프린터

3 ㅣ 다양한 종류의 3D 프린터

4 ㅣ FDM 3D 프린터 출력 과정

5 ㅣ 3D 프린팅을 위한 모양과 슬라이서 이해

3D 모델링과 틴커캐드

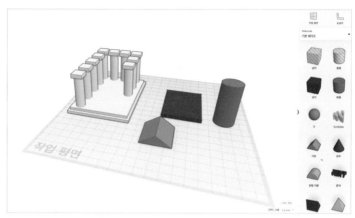

틴커캐드로 3D 모델링하는 모습

3D 모델링은 입체적인 3차원 형상을 컴퓨터 프로그램으로 만드는 과정을 말한다. 3D 모델링을 만들기 위해 사용되는 프로그램을 CAD(Computer-Aided Design)라고 부른다. 제품 개발, 자동차, 건축, 게임 등 사용되는 분야에 따라 CATIA, 스케치업, Solidworks, 마야, 인벤터 등 다양한 프로그램들이 사용되고 있다.

틴커캐드(Tinkercad)는 미국의 3D 모델링 프로그램 전문 회사인 오토데스크(Autodesk) 사의 3D 모델링 프로그램 중에 하나이다. 특이한 점은 프로그램을 컴퓨터에 설치하지 않고 인터넷에 접속하여 모델링 작업을 한다는 것이다. 구글 크롬을 열어 'www.tinkercad.com'에 접속해 보자. 가입만 하면 누구나 무료로 사용할 수 있는 프로그램이다. 또한, 매우 직관적으로 3D 모델링을 만들기 때문에 초보자도 쉽게 배울 수 있다.

틴커캐드 기초 배우기

'메이커 다은쌤의 틴커캐드 2nd Edition' 책은 틴커캐드를 사용하는 가장 기본적인 방법이 설명되어 있다. 이 책에서도 다양한 3D 모델링을 만들 예정이지만, 크기 조정, 회전 등 기초적인 설명은 하지 않는다. 가장 기본 기능을 익히고 싶다면 이 책을 우선 추천한다.

3D 프린터

일반적으로 A4 용지에 잉크로 문서를 뽑아주는 프린터가 2D 프린트라면, 3D 프린터는 이름 그대로 3차원의 입체 모양을 뽑아주는 기계다. 평면이 아닌 손으로 만질수 있는 입체적인 형상을 출력해준다. 처음에 3D 프린터는 래피드 프로토 타이핑(Rapid Prototyping)의 개념으로 시작되었다. 첫 특허는 무려 1986년, 척헐(Check Hull)에 의해 등록되었다.

산업에서 주로 사용되던 3D 프린터는 2004년 영국의 에이드리언 보이어(Adrian Bowyer)의 렙랩(RepRap) 프로젝트를 시작으로 많은 사람들에게 알려지기 시작한다. 렙랩 프로젝트는 오픈소스로 개인형 3D 프린터를 만드는 프로젝트로, 3D 프린터가 3D 프린터를 만들게 되었다. 더불어 관련 기술 특허의 만료, 중국의 저렴한 장비의 등장 등으로 3D 프린터의 대중화 속도에 불이 붙고 있다.

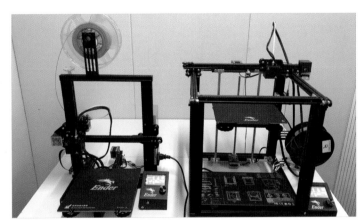

저가형 FMD 3D 프린터

기존에 3D 형상을 만드는 방법 중에 하나는 재료를 깎아서 만드는 절삭가공법이 있었다. 커다란 나무 조각을 깎아서 목마가 만들어지는 식이다. 3D 프린터는 재료를 쌓아서 만드는 적층가공법이다. 재료를 얇게, 조밀하게 쌓아 올려서 3D 입체 형상을 만드는 방식이다.

일반적인 2D 잉크젯 프린터로 A4 사이즈 출력은 손쉽지만, 전지 사이즈의 대형 출력은 불가능하다. 3D 프린터도 마찬가지이다. 우선 3D 프린터의 크기는 출력 가능 크기를 결정한다. 또한 주로 사용되는 재료에 따라, 재료를 가공하는 방법에 따라 3D 프린터의 종류는 사용 용도와 목적에 따라 천차만별이다. 사용하는 재료의 상태를 고체, 액체, 가루 형태로 나눠 3D 프린터의 종류를 간략히 소개한다.

다양한 종류의 3D 프린터

① FDM, FFF 방식의 3D 프린터

가장 많이 대중화된 3D 프린터 방식으로 뜨거운 노즐에서 고체 상태의 재료가 녹아져 나와 굳혀가며 3D 형상을 만든다. FDM(Fused Deposition Modeling), FFF(Fused Filament Fabrication) 방식으로 불린다.

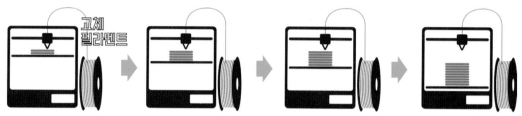

FDM 3D 프린터에서 출력물이 만들어지는 과정

사용되는 재료는 필라멘트라고 부르며, 실타래처럼 재료가 롤에 감겨있는 식이다. 두꺼운 실같은 재료가 뜨거운 노즐에 들어가 녹아서 나오게 된다. 재료는 PLA, 또는 ABS 플라스틱이 가장 많이 사용되며 PETG, Flexible, 우드 등 다양한 재료가 있다.

이 책의 뒤에서 나오는 모든 출력물은 PLA 재료를 사용하여 FDM 방식의 3D 프린터로 만들어졌다.

아하!

안전한 FDM 3D 프린터의 사용

FDM 3D 프린터의 뜨거운 노즐에서 가열되어 나오는 재료에서 미세 먼지와 유해물질이 발생할 수 있다. 그래서 FDM 3D 프린터를 사용시 유해물질이 가장 적게 나오는 PLA 또는 친환경 인증을 받은 재료를 사용한다. 또한, 3D 프린터는 환기가 잘되는 공간에 두고 사용하면 된다. 출력 시간이 길어질 때는 중간중간 공간의 환기를 시켜가며 사용하는 것이 좋다.

② SLS, SLM 방식의 3D 프린터

분말 상태의 자료를 고온, 고압으로 소결시키면서 3D 형상을 만드는 방식으로 SLS(Selective Laser Sintering), SLM (Selective Laser Melting)이 있다. 대부분 산업용 장비로 고가이다. 금속 분말을 사용하여 금속의 출력물을 얻는 장비도 있다.

③ SLA, DLP 3D 프린터

액체 상태의 수지(레진)를 주 재료로 사용하는 3D 프린터이다. 레진에 레이저 빔이나 강한 UV 등을 쬐어 광경화를 하면서 3D 형상을 만든다. 사용되는 광원의 방식에 따라 SLA(Stereo Lithography Apparatus), DLP(Digital Light Processing), MSLA(Masked Stereo Lithography Apparatus)로 나뉜다.

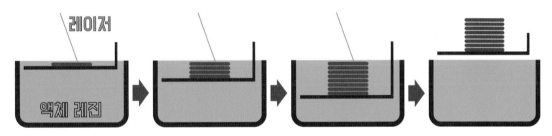

SLA 3D 프린터에서 출력물이 만들어지는 과정

액체 레진이 꽉 차 있는 커다란 수조가 있다. 출력물을 만드는 베드는 수조 안으로 점차 내려가게 된다. 수조 안으로 베드가 점차 내려가기 전에 위에서는 레이저가 3D 형상의 단면 모양으로 나온다. 레이저가 지나간 자리는 액체의 레진이 고체로 굳게 된다.

역시 산업용으로 사용되는 프린터이지만, 현재 레진의 가격과 3D 프린터의 가격이 많이 내려와 일반 사용자가 늘고있는 프린터이다. 출력물의 표면이 매끄럽고 FDM 3D 프린터보다 정밀한 출력이 가능하여 아트 토이, 피규어 제작에 많이 사용된다.

 영상보기

SLA 3D 프린터
출력 방법

https://youtu.be/PL3a6uPx4SA

FDM 3D 프린터의 출력 과정

이 책에서는 FDM 방식으로 틴커캐드에서 만든 모델링을 출력할 것이다. FDM 3D 프린터를 사용하는 과정을 조금 더 자세히 살펴보자.

1 모델링 하기

3D 프린터를 사용하기 이전에 출력을 위한 3D 모델링 파일을 만들어야 한다. 틴커캐드 이외에도 CATIA, Solidworks, NX, 3D MAX, Maya, Sketch Up, Blender, Fusion360 등 다양한 모델링 프로그램을 사용하여 만들 수 있다.

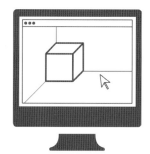

2 STL 파일 얻기

모델링을 해서 프린팅을 위한 "stl" 형식의 파일을 얻는다. 틴커캐드로 모델링이 완료되면 항상 "stl" 파일로 내보내기 할 것이다. 모델링을 직접해서 "stl" 파일을 만들 수도 있지만, 다른 사람이 공유해놓은 파일을 다운받을 수도 있다.

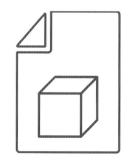

대표 사이트
- www.thingiverse.com
- cults3d.com/en
- www.myminifactory.com

3 슬라이싱

3D 모델링 "stl" 파일은 3D 프린터가 움직이는 언어로 바꿔줘야 한다. 슬라이싱은 기계, 재료, 모델링을 이어주는 파일로 변환해주는 과정을 말한다. 대표적으로는 무료로 사용할 수 있는 슬라이서 프로그램으로는 Cura가 있다. 이 책에서도 Cura를 주로 사용하지만, 슬라이서에서 사용되는 용어를 알고 있으면 다른 프로그램도 쉽게 적용 가능하다.

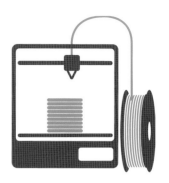

4 3D 프린팅

사용하는 3D 프린터 조건에 맞게 슬라이싱된 파일을 3D 프린터로 가져와 출력을 시작한다. 대부분 "Gcode" 형식의 파일을 사용한다.

 아하!

틴커캐드로 마음에 들게 모델링을 했다.
사용하는 프린터에 맞게 슬라이싱을 하고 FDM 3D 프린터로 출력을 시도했다.
예쁜 쓰레기가 나왔다...

3D 프린터를 처음 사용할 때 가장 많이 경험하는 내용이다. 모델링은 굉장히 이상적이지만 현실로 내 눈앞에 나온 출력물을 마음에 들지 않는다. 디지털 세계에 있는 3D 모델링이 물리적인 세계로 출력되어 나오기 위해 기본적으로 고려해야할 사항들을 알아본다.

틴커캐드로 모델링

슬라이싱

3D 프린터 출력...?!

3D 프린팅을 위한 모양과 슬라이서 이해

3D 프린터는 사용자가 넣어준 코드대로 움직이는 기계일 뿐, 상황과 모양을 판단하여 출력의 순서나 방향을 바꾸는 일은 절대 없다. 모델링한 파일을 FDM 3D 프린터로 잘 출력하기 위해서는 출력하고자 하는 모양의 특징과 슬라이서 프로그램의 세팅을 고려할 줄 알아야 한다. 3D 프린팅을 위해 알아야한 슬라이서의 중요 단어와 의미를 살펴본다.

1 Cura 준비(일반 뷰)

슬라이서 프로그램 Cura에 틴커캐드로 모델링한 미니 병정을 불러온 모습이다. 모델링이 노란색 객체로 표현되어 있다.

오른쪽에는 3D 프린터로 출력할 때 조정 가능한 변수들이 나타나 있다.

2 Cura 미리보기(레이어뷰)

출력에 필요한 변수를 설정하고 '슬라이스'를 진행한다. 그다음 '미리보기' 또는 '레이어뷰' 모습으로 본 모습이다. 노란색의 모델이 한층 한층 쌓여서 만들어지는 빨간색으로 표현된다. 레이어 높이를 조장하면 특정 층의 모습을 확인할 수 있다. 특히 출력 전에 레이어 1층을 확인하여 바닥의 붙는 면적을 볼 수 있다.

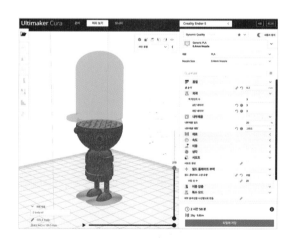

3 레이어(Layer, 층 높이)

3D 프린터가 출력하는 한 층의 높이를 말한다. 한 층의 높이는 3D 프린터 출력 품질을 결정한다. 레이어가 얇아지면 출력물의 표현 정밀도는 높아진다. 하지만 얇은 레이어로 층층층 쌓아 형상을 만들기 때문에 출력 시간은 오래 걸린다. 레이어가 높아지면 출력 시간은 줄어든다. 하지만 두꺼운 레이어는 세세하게 모양을 표현하는데 어려워 출력물의 품질은 낮아진다.

또한, 레이어는 FDM 3D 프린터의 노즐 크기에도 영향을 받는다. 기본적으로 노즐의 크기는 0.4mm이고, 레이어는 0.2mm를 많이 사용한다. 높은 품질의 출력물을 원하면 0.1mm 레이어로 출력하기도 한다.

레이어가 얇을 때
Cura의 레이어뷰 모습

레이어가 두꺼울 때
Cura의 레이어뷰 모습

0.4mm 노즐, 0.2mm 레이어로 출력
출력 시간 180분 소요

1.0mm 노즐, 0.7mm 레이어로 출력
출력 시간 40분 소요

4 인필(Infill, 내부 채움)

출력물의 안쪽을 채우는 밀도를 말한다. 안쪽 형상은 와플처럼 일정 패턴을 가지고 비운 상태로 출력한다. 100% 내부 채움은 빈틈없이 속을 꽉 채운 것이다.

인필이 높아지면 출력물의 강도는 높아지지만, 출력 시간이 늘어난다. 인필이 낮아지면 출력은 빠르게 되지만 출력물이 쉽게 부서질 수 있다. 보통 인필은 20%로 사용한다. 출력물에 나사를 조립하거나 단단한 출력물을 원한다면 인필을 30~40%로 올려서 출력한다.

다른 인필의 사각형을 3D 프린터로
출력한 모습

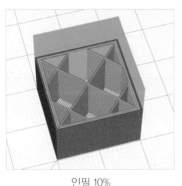

인필 10%

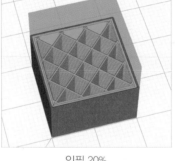

인필 20%

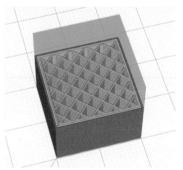

인필 30%

5 바닥의 안착 모양과 브림

FDM 3D 프린팅에서 가장 기본은 출력물이 프린터 바닥(베드)에 잘 붙어 있는 것이다. 노즐과 바닥의 '레벨링'이 잘 맞춰져 있어야 한다. 바닥에 첫 번째 레이어가 붙지 못하면, 그 위에 형상을 쌓을 수 없다.

바닥에 붙지 못하고 노즐이 허공에서 재료를 내보내면 정말 알 수 없는 형상으로 출력된다.

바닥에 출력물이 붙지 못하고
출력된 모습

FDM 3D 프린팅에 좋지 않은 모양

또한, 출력 도중에 바닥에서 출력물이 떨어져도 같은 현상이 일어난다. 모델링의 모양이 FDM 3D 프린터에 적합하지 않은 경우이다. 바닥이 평평하지 않고 옆으로 기울어져 있거나, 바닥에 붙는 면적은 좁은데 출력이 위로 갈수록 형상이 크고 무거워지는 경우이다.

Cura의 일반 뷰, 노란색 모델만 보임

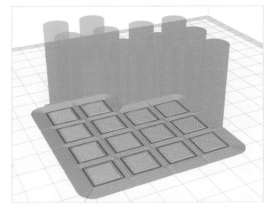

Cura의 레이어뷰, 하늘색의 브림이 생김

3D 프린터 기계의 레벨링이 잘 되었다고 가정했을 때, 바닥의 안착을 돕는 3D 모델링 모양과 슬라이서 프로그램에서 '브림'을 고려한다. '브림'은 출력물의 바닥, 즉 첫번째 레이어의 면적을 넓혀주는 기능이다. 쉽게 말해 발바닥을 넓고 크게 만들어준다. 바닥 면적이 좁고 높이가 높은 출력물, 또는 여러 출력물을 한 번에 안전하게 뽑기 위해서도 사용한다. 그런데 바닥의 안착을 높이기 위해 항상 브림을 함께 출력하는 것이 좋을까?

PART 01에서는 3가지의 모델링과 만들어 보며 바닥에 잘 붙는 형상을 알아본다. 또한, '브림'을 사용한 출력물도 만들어 본다.

6 공중에 뜬 모양과 서포트

모든 모양을 다 출력할 수 있을 것 같지만 FDM 3D 프린터는 공중에 뜬 형상을 출력하기 어렵다. 그래서 출력을 돕는 '서포트'라고 하는 구조물을 슬라이서 프로그램에서 지정해줄 수 있다.

서포트가 없어 형상이 무너지고 지저분하게 출력된 모습

서포트가 함께 출력된 모습

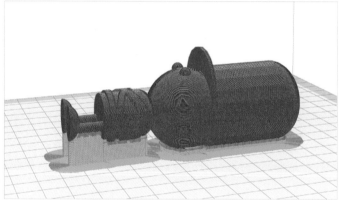
모델링을 세웠을 때 서포트, 모델링을 눕혔을 때 서포트

서포트는 공중에 뜬 형상을 출력할 수 있게 도와주지만 출력 시간과 재료 소비량을 늘린다. 그래서 서포트의 필요 여부를 판단할 수 있어야 하고, 어떤 조건의 서포트가 필요한지 알아야 한다. 또한 출력하는 방향에 따라 서포트의 모양과 양이 달라진다.

PART 02에서 4가지의 모델링과 서포트에 대해서 알아본다.

  영상보기

Cura 3.6 버전
프로그램 사용법

https://bit.ly/2VRoBZk

7 외벽과 출력 모양

출력물의 가장 바깥쪽 표면을 외벽이라고 한다. 외벽의 두께는 출력하는 레이어의 배수로 설정하여 출력하게 된다. 외벽이 두꺼우면 출력물의 강도는 단단해지지만 출력 시간은 그만큼 늘어나게 된다.

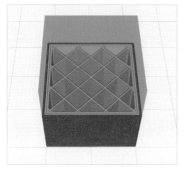

외벽의 두께가 3 레이어이고,
인필이 20일 때 모습

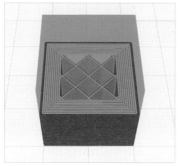

외벽의 두께가 10 레이어이고,
인필이 20일 때 모습

외벽의 두께가 3 레이어이고,
인필이 0일 때 모습

내부 채움, 즉 인필을 0으로 하고 외벽만 출력하면 어떻게 될까? 모델링과 슬라이서 프로그램을 함께 응용하여 재미난 출력물을 만들어 본다.

PART 03에서는 외벽의 기능을 사용하여 모델링과는 조금 다른 3가지 모양을 얻어본다.

아하!

본격적으로 모델링의 시작하기에 앞서 지칭하는 방향을 알고 가자.

틴커캐드 바닥에 '작업 평면'이라는 글자를 기준으로 X, Y, Z 3축의
방향을 정한다.

PART
01

브림과 모델링

틴커캐드로 모델링한 파일을 FDM 3D 프린터로 출력해봅니다. 처음에는 가장 쉽게 만들고 쉽게 3D 프린터로 출력 가능한 납작한 형태의 모델을 만들어 봅니다.

안전한 3D 프린터 출력을 위해서는 프린터 바닥에 붙는 충분한 면적이 필요합니다. 모델링 바닥의 면적이 부족하면, 슬라이서 프로그램의 브림을 설정하고 출력해야 합니다. 브림의 필요 여부를 판단해봅시다.

1 ┆ 단면 열쇠고리

2 ┆ 양면 열쇠고리

3 ┆ 액자 프레임

브림 (Brim)

틴커캐드로 모델링을 시작하기 전에 브림에 대해 먼저 알아보자. FDM 3D 프린터는 재료를 바닥부터 쌓아 올라가면서 출력물을 만든다. 모델링의 아래 모양에는 3D 프린터 바닥에 붙어 있어야 할 면적이 필요하다. 면적이 좁아 바닥 면에 충분히 붙어 있지 못한다면, 위로 쌓아 올릴 수 없어 제대로 된 출력물을 만들 수 없다. 브림은 모델링의 바닥에 임시로 만들어주는 넓고 얇은 발바닥이다. 브림은 모델링이 출력되는 동안 출력물이 3D 프린터 바닥에 잘 붙어 있게 돕는 역할을 한다.

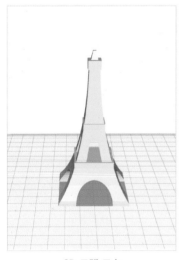
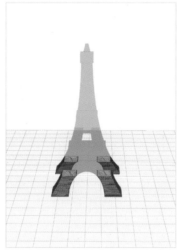
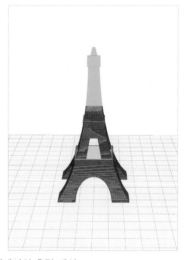

3D 모델 모습   브림이 없는 상태에서의 출력 예상

에펠탑을 3D 프린터로 출력하면 먼저 바닥에 4개의 다리가 출력된다. 그리고 하나의 모양으로 합쳐지면서 탑의 가장 꼭대기를 출력하게 된다. 하지만 출력 도중에 에펠탑의 4개의 다리 중 하나라도 틀어지면 출력은 실패한다.

에펠탑의 꼭대기가 다 출력될 때까지 다리 4개가 바닥에 잘 붙어 있어야 한다. 안전한 출력을 위해, 다리가 바닥의 안착을 위해 브림을 선택하고 함께 출력하는 것이 좋다.

슬라이서 프로그램에서 브림을 선택하고 레이어뷰로 확인해 보면, 에펠탑 다리에 모델링에서는 없던 하늘색의 넓은 발바닥이 추가로 생긴 것을 볼 수 있다.

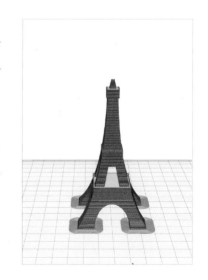

3D 모델 모습

브림이 생긴 레이어뷰

브림은 바닥의 안착을 돕고 3D 프린터의 출력 실패를 낮춰준다. 그럼 항상 브림을 출력하는게 좋을까? 눈꽃은 높이가 낮은 납작한 모양이다. 브림이 없어도, 브림이 있어도 출력이 잘 되는 형상이다.

브림은 출력 이후에 제거해야 한다. 그런데 불필요한 브림은 출력 시간도 늘리고 출력 후에 제거 과정의 시간도 늘린다. 특히 형상이 복잡한 눈꽃과 같은 모양에서는 브림을 깔끔하게 제거하기가 더 어렵다. 브림을 항상 함께 출력하는 것이 꼭 좋은 것은 아니다.

 영상보기

다은쌤의 틴커캐드
응용하기

 https://youtu.be/Uuob2YoH__Q

 영상보기

다은쌤의 틴커캐드
응용하기

 https://youtu.be/E3QLSwGl0lE

01 단면 열쇠고리

틴커캐드로 단면 열쇠고리를 만들어 보자. 3D 프린터로 실패없이 안전하게 출력물을 얻기 위해서 가장 기본적으로는 프린터 베드에 안착되는 면이 필요하다. 그래서 쉽게 만들 수 있는 모양이 납작한 모양이다.

🖨 3D 프린팅으로 생각 확장하기

납작한 열쇠고리 모양에는 브림을 함께 출력하는 것이 좋을까?
어떤 모양의 모델에 브림이 필요할까?

1 틴커캐드로 모델링

01 원 기둥을 가져온다. 3D 프린터로 동그랗게 출력하기 위해 '측면'의 값을 64로 높인다.

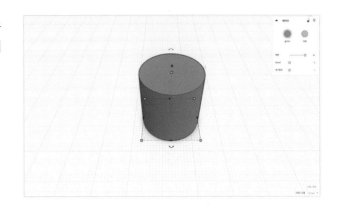

02 원하는 크기로 키우고, 높이를 납작하게 만든다. 책에서는 지름 50mm, 높이 3mm로 하였다. 열쇠고리의 두께는 3∼5mm면 충분하다. 높이를 너무 두껍게 하면 열쇠고리 링이 안 들어갈 수 있으니 주의한다.

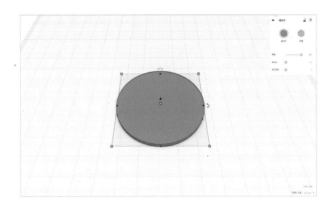

03 TEXT를 가져와 원하는 글씨를 작성한다. 글자 수가 많고, 글자 크기가 면적에 비해 너무 작으면 3D 프린터로 출력했을 때 잘 보이지 않을 수 있으니 주의한다.

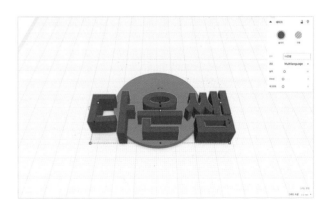

04 원통 도형과 글자 도형을 같이 선택하여 가운데 정렬을 시킨다. 정렬 기능의 단축키는 ⌊L⌋이다.

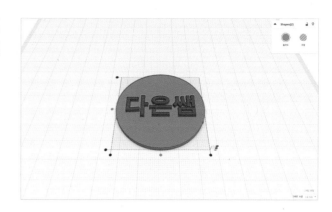

05 상단에 열쇠고리 링이 들어갈 구멍을 만든다. 구멍이 너무 모서리에 가까우면 출력 후 사용 중에 부서질 수 있다. 구멍이 너무 모서리에서 멀면 열쇠고리 링이 들어가지 않을 수 있다.

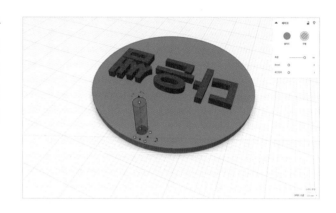

06 전체를 선택하여 하나의 그룹으로 만든다. 내보내기를 하여 "stl" 파일로 다운로드한다.

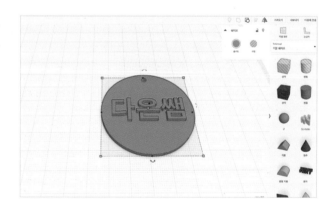

2 FDM 3D 프린터로 출력하기

01 앞서 만든 단면 열쇠고리 모델링
파일을 사용할 프린터에 맞는 슬
라이서 프로그램에 가져온다.
둥글고 납작한 이 열쇠고리 모양
은 3D 프린터 바닥에 붙는 면적이
충분하다. 즉, 브림을 선택하지 않
아도 된다.

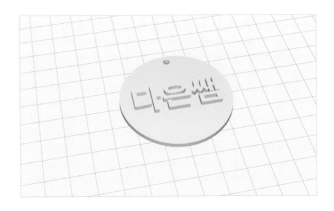

02 FDM 3D 프린터로 출력한다.

03 출력이 완료되었다.
브림과 서포트가 없기 때문에 추
가로 필요한 후가공이 없다.

04 출력물에 양각으로 튀어나온 글자 부분을 매직으로 칠해준다. 그러면 글자가 더 잘 보인다.

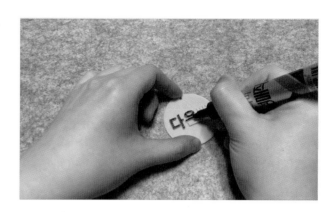

05 출력물의 상단에 열쇠고리 링을 끼워준다. 열쇠고리 링은 인터넷 쇼핑몰에서 검색하면 쉽게 구할 수 있다. 단면 열쇠고리가 완성되었다.

06 하지만 글자가 없는 뒷면은 너무 심심하다. 열쇠고리를 양면으로 만들 수는 없을까?

02 양면 열쇠고리

앞서 단면 열쇠고리를 만들어 보았다. 납작한 모양은 3D 프린터 출력에 안정적이지만 열쇠고리의 한 쪽 면이 밋밋하다. 열쇠고리 양면에 모두 글자가 있는 모양을 만들어 보자.

3D 프린팅으로 생각 확장하기

양면을 3D 프린터로 출력하기 위해서는 어떻게 출력하면 좋을까?
브림을 사용한다는 가정하에 모델링을 만들어 보면 어떨까?

1 틴커캐드로 모델링

01 상자 도형을 작업 평면 위에 가져 온다.

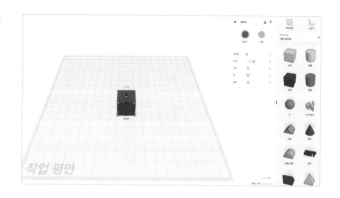

02 모서리 점을 클릭, 숫자를 클릭하여 상자의 크기를 변경한다. 책에서는 X축 방향 70mm, Y축 방향 30mm, 높이는 3mm로 설정하였다.

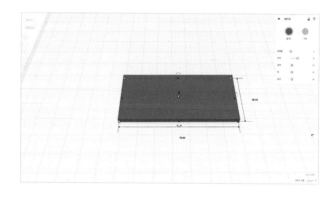

03 또 다른 상자 도형과 반투명한 원 통 도형을 가져온다. 원통 도형 측 면의 값을 64로 설정하여 둥근 원 통 도형으로 사용한다.

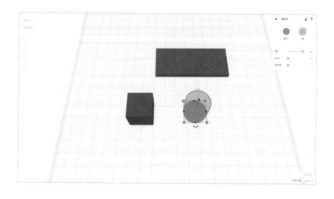

04 원통 도형의 지름으로 40mm로
　　 설정한다.

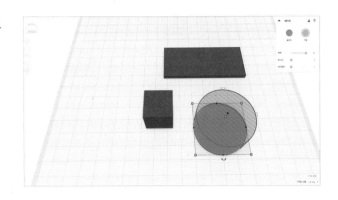

05 상자 도형과 원통 도형 2개를 함
　　 께 선택한다. 두 도형을 선택 후
　　 왼쪽, 위쪽 정렬을 한다.

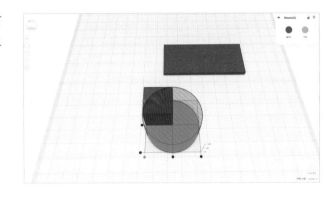

06 상자 도형과 원통 도형을 함께 선
　　 택해 그룹을 만든다. 상자 도형의
　　 한쪽이 둥글게 깎였다.

07 앞서 만든 도형을 반투명한 구멍 도형으로 만든다. 1번에서 만들었던 납작한 상자 도형의 왼쪽, 위 모서리에 정렬시킨다.

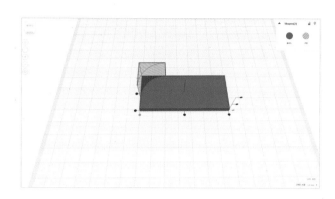

08 두 도형을 그룹을 만든다. 왼쪽, 위 모서리가 둥글게 깎였다.

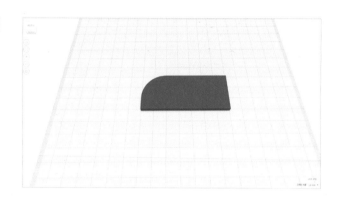

09 2개의 TEXT 도형을 각각 가져온다. 열쇠고리 앞면과 뒷면에 사용할 단어를 작성한다.

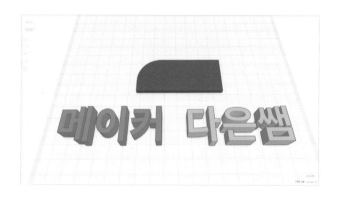

10 열쇠고리 판 위에 글자를 옮기고 크기를 조정한다. 글자의 높이는 4mm이다. 열쇠고리 판보다 1mm 높게 만들었다.

11 원통 구멍 도형을 가져와 열쇠고리 링이 들어갈 구멍도 만든다. 너무 모서리에 가깝지 않게 배치한다. 모서리와 가까우면 사용 중에 출력물이 부러질 수 있다. 구멍의 지름은 3mm로 하였다.

12 열쇠고리 판, 앞면 글자, 구멍 도형을 선택하여 하나의 그룹으로 만든다.

13 그룹이 된 도형을 90°로 회전하여 세운다. 회전 후 도형이 선택된 상태에서 키보드의 [D]를 누른다. 회전된 도형이 작업 평면 위에 올라와 붙는다.

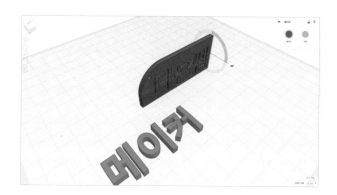

14 뒷면에 세길 글자 도형을 가져간다. 바닥에서 180° 회전해 글자의 방향을 바꾼다.

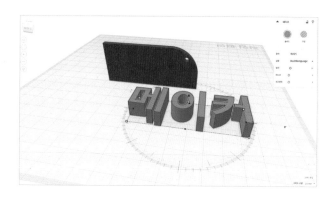

15 글자 도형도 90°로 세운다. 회전 후 도형이 선택된 상태에서 키보드의 [D]를 누른다. 열쇠고리 판에 글자가 들어갈 수 있게 크기를 조정한다.

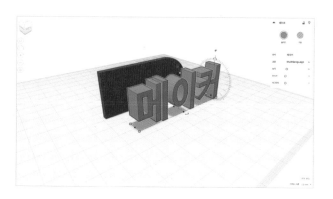

16 뒷면에 들어가는 파란색 글자의 두께를 4mm로 설정한다.

17 하나의 그룹이 되어있던 빨간색 도형의 그룹을 해제한다.

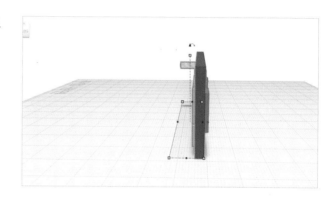

18 [Shift]를 눌러 파란색 뒷면 글씨와 빨간색 열쇠고리 판 도형을 선택한다.
정렬 기능을 실행한다. 정렬 기능이 켜지면 빨간색 도형을 한번 더 클릭한다. 빨간색 도형을 기준으로 정렬하게 된다. 파란색 뒷면 글씨를 빨간색 도형의 왼쪽 정렬을 한다.

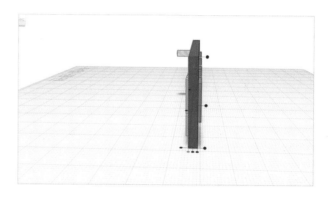

19 앞면에는 "다은쌤" 글자가 있다.

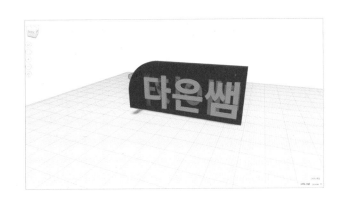

20 반대쪽에는 "메이커" 글자가 있다. 화면을 360° 돌려볼 때 뒤 도형이 반짝반짝 중복되어 보인다. 같은 크기로 도형이 겹쳐 있기 때문이다.

21 전체를 선택하여 하나의 그룹으로 만든다. 내보내기를 눌러 "stl" 파일로 다운로드한다.

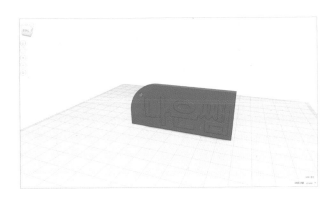

2 FDM 3D 프린터로 출력하기

01 양면 열쇠고리 모델링 파일을 사용할 프린터에 맞는 슬라이서 프로그램에 가져온다.
도형이 바닥에 서있다.

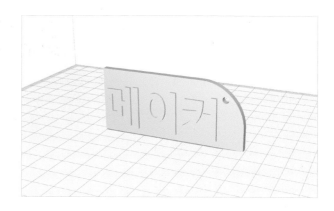

02 양면 열쇠고리는 세워서 출력해야 한다. 또한, 슬라이싱할 때 꼭 브림을 설정해야 한다. 바닥에 붙는 면적을 넓히기 위해서다.
왼쪽 그림의 바닥에 하늘색 선이 3D 프린터에서 출력될 브림이다. 브림은 바닥 면을 넓게 잡아주어 모델이 세워진 채 출력이 가능하게 도와준다.

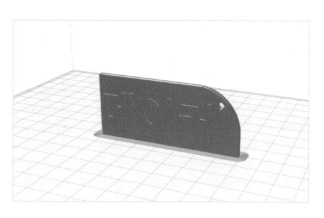

03 FDM 3D 프린터로 출력한다. 바닥에 얇은 브림이 출력되었다. 브림이 잘 붙어 있어 양면 열쇠고리가 수직의 상태로 출력되고 있다.

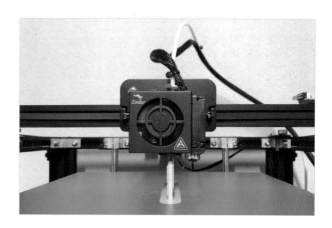

04 출력이 완료되었다. 바닥에 브림이
함께 붙어 있다.

05 출력이 끝나고 브림은 제거해준다.
브림은 얇은 1 레이어 두께로, 가
위나 니퍼로 쉽게 제거할 수 있다.

06 글자를 잘 보이게 하기 위해 매직으로 칠하였다. 그리고 구멍에 열쇠고리 링을 연결하였다. 앞
면에는 "메이커", 뒷면에는 "다은쌤"이 새겨진 양면 열쇠고리가 완성된다.

아하!

① 양면 열쇠고리를 모델링할 때 글자를 너무 튀어나오게 하면 안 된다. 글자가 너무 많이 튀어나오면 아래로 흘러내려 출력물이 지저분해지거나, 서포트를 필요하게 한다.

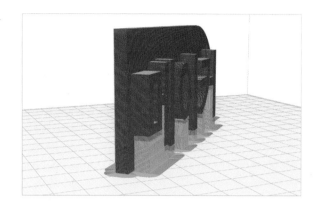

② 책에서는 글자가 열쇠고리 벽면에서 1mm가 튀어 나와 있게 모델링했다. 1mm는 서포트가 없어도 출력 가능한 두께이다.

③ 브림으로 바닥에 붙는 면적을 만들어 줄 수 있다. 하지만 원형을 세워서 브림과 함께 출력하기에는 바닥에 붙는 면적이 너무 좁아 출력이 어렵다.
어떤 모양의 양면 열쇠고리가 가능할까?

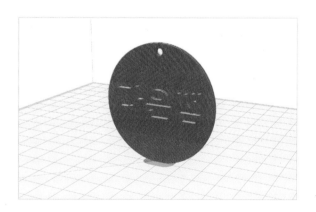

납작하고 바닥에 붙는 면적이 넓으면 브림이 없어도 잘 출력된다. 납작한 형상 중에 3D 프린터로 출력해서 즐거운 활동을 할 수 있는 액자 프레임을 만들어 보자.

🎁 3D 프린팅으로 생각 확장하기

글자 모양을 음각으로 구멍 뚫을 때 주의할 점은 무엇일까?

1 틴커캐드로 모델링

01 상자 도형을 작업 평면 위에 가져
온다.

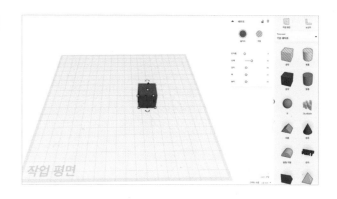

02 모서리 점을 클릭, 숫자를 클릭하
여 상자의 크기를 변경한다.
책에서는 X축 방향으로 90mm,
Y축 방향으로 110mm로 설정하
였다.

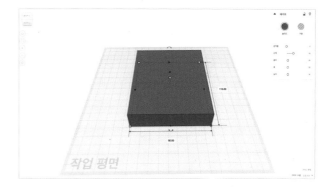

03 상자의 높이는 4mm로 하였다.

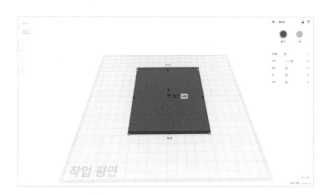

04 구멍 도형 상자를 가져온다.

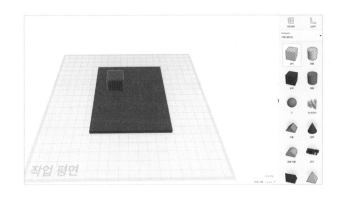

05 구멍 상자 도형의 모서리 점을 클릭, 숫자를 클릭하여 상자의 크기를 변경한다.
책에서는 X축 방향으로 80mm, Y축 방향으로 80mm로 설정하였다.

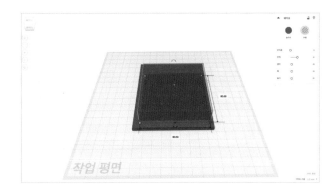

06 '눈금자' 기능을 실행한다. 단축키는 R 이다.
눈금자의 원점을 빨간 상자 도형의 왼쪽 아래점으로 클릭하였다.

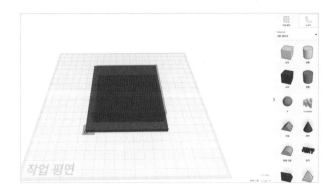

07 눈금자 기능이 실행되면 클릭된 원점으로부터의 위치와 선택된 도형의 크기 정보가 나타난다.

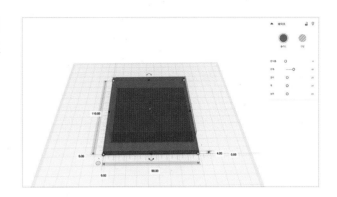

08 구멍 상자 도형의 위치를 눈금자의 원점을 기준으로 X축 방향으로 5mm, Y축 방향으로 25mm로 하였다.

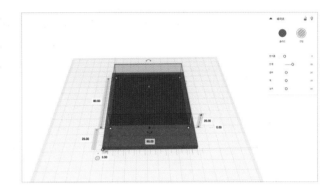

09 눈금자 사용이 끝났다. 눈금자 닫기의 X 창을 누르면 눈금자는 사라진다.

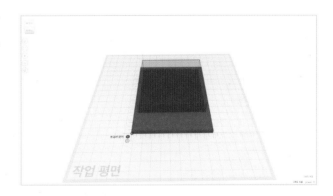

10 두 도형을 선택하여 그룹으로 만든다. 네모난 구멍이 뚫린 액자 프레임이 만들어 졌다.

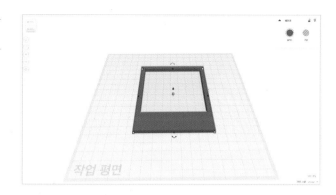

11 TEXT 도형을 가져온다.

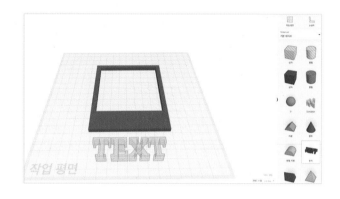

12 원하는 문구를 적는다. 너무 많은 글자를 적으면 3D 프린터로 출력했을 때 잘 안 보일 수 있으니 주의한다.

13 글자 도형의 크기를 액자 프레임에 맞게 조정한다. 키보드의 [Shift]를 누르고 크기를 조정한다.

14 액자 프레임과 글자를 복사, 붙여 넣기했다. 오른쪽 글자는 구멍 도형으로 만들었다. 네모난 액자 프레임과 구멍 도형 글자를 그룹으로 만든다.

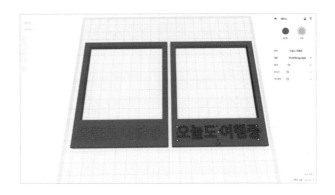

15 오른쪽 프레임의 글자는 구멍이 뚫린 음각이다. '오' 글자의 가운데 동그라미는 3D 프린터 출력 후 떨어진다. 음각을 사용할 때는 글자 모양을 주의해야 한다.

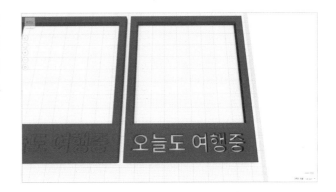

16 글자를 음각으로 사용하고 싶다면 처음부터 끝까지 뻥 뚫린 구멍을 만들기보다는, 홈을 파는 것을 추천한다.

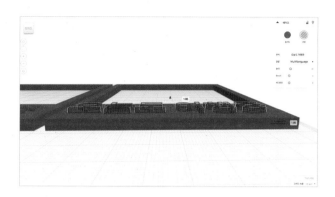

17 왼쪽 액자 프레임은 글자가 위로 튀어나와 있는 양각이다. 오른쪽은 글자가 안으로 홈이 파진 음각이다.

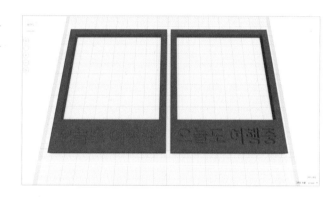

18 주변에 다른 도형들을 사용하여 액자 프레임을 꾸며본다. 그다음 전체를 선택하여 하나의 그룹으로 만든다. 내보내기를 눌러 "stl" 파일로 다운로드한다.

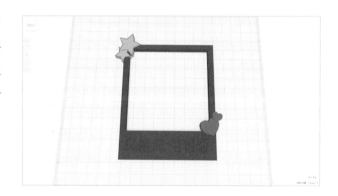

2 FDM 3D 프린터로 출력하기

01 앞서 만든 액자 프레임 모델링 파일을 사용할 프린터에 맞는 슬라이서 프로그램에 가져온다.

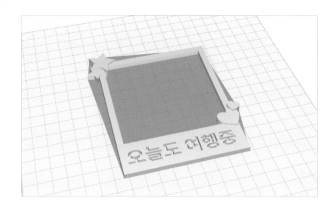

02 레이어뷰로 확인한 가장 첫 번째 레이어 모습이다. 바닥에 붙는 면을 확인한다. 떠 있는 도형이 없고 바닥에 안착을 위한 충분한 면적이 있는지 확인한다. 충분한 면적이 있다면 브림을 선택할 필요는 없다.

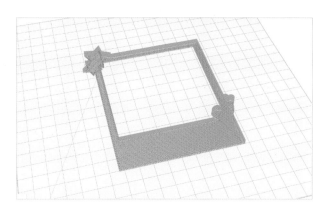

03 FDM 3D 프린터로 출력한다.

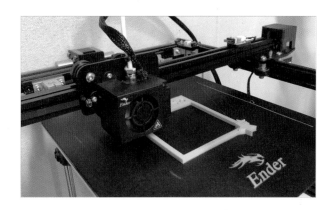

04 출력물이 완성되었다. 브림, 서포트가 없기 때문에 후 과정은 필요 없다.

05 출력물을 가지고 밖으로 나가본다. 기억하고 싶은 순간을 찍어도 좋다.

06 아름다운 장소나 풍경을 담아도 좋다.

❶ 꼭 네모로 액자 프레임을 만들어야
할 이유는 없다. 다양한 모양을 활용
해보자.

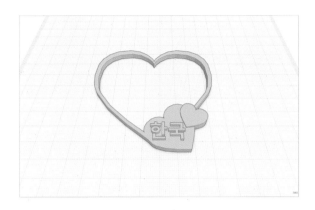

❷ 단, 브림이 필요하지 않은 상태로
바닥에 붙을 수 있는 모양을 추천
한다. 테두리를 너무 얇게 모델링
하지 않는다.

❸ 여러분이 만든 액자 프레임은 어떤
모양인가?

PART
02

서포트와 모델링

3D 프린터 바닥에 잘 붙는 납작한 모양을 떠나서 조금 더 입체적인 모델을 만들어 봅시다. 하지만 3D 프린터로 공중에 뜬 형을 출력하기는 쉽지 않습니다. 이번 파트에서는 공중에 떠 있는 형상의 출력을 돕는 서포트를 이해하고 활용해봅니다. 모델링의 모양에 따라 필요한 서포트의 방식, 각도, 방향을 알 수 있습니다.

1 ┆ 호박 등 + LED 캔들

2 ┆ 연결된 사슬

3 ┆ 우주 비행기

4 ┆ 미니 신전

서포트(Support)

틴커캐드 모델링을 시작하기 전에 서포트에 대해 자세히 알아보자. 서포트는 FDM 3D 프린터를 출력할 때 사용되는 보조물이다. 뜨거운 노즐에서 녹아 나온 재료는 식어서 굳는 데 시간이 필요하다. 공중에 떠 있는 형상은 지구의 중력으로 인해서 형상이 굳어지기 전에 흘러내린다. 그래서 공중에 떠 있는 형상을 지지하고 만들 수 있게 도와주는 것이 서포트의 역할이다. 서포트는 슬라이서 프로그램에서 선택 또는 해제할 수 있다.

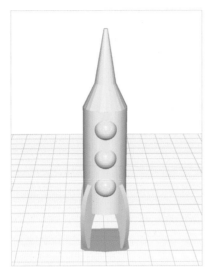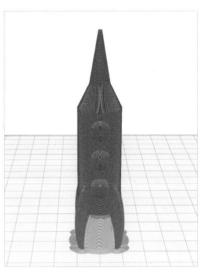

왼쪽 사진의 로켓의 날개 안쪽은 공중에 떠 있는 형상으로 이대로 출력할 수 없다. 오른쪽 사진은 슬라이서 프로그램에서 '브림'과 '서포트' 생성을 체크하고 레이어뷰로 본 모습이다. 틴커캐드로 만든 모델 이외에 하늘색의 서포트가 만들어진 것을 볼 수 있다.

서포트는 3D 프린터로 출력 후 제거해주면 된다. 서포트가 공중에 떠 있는 형상을 잘 출력할 수 있게 도와준다. 하지만 서포트가 만들어지는 양만큼의 재료가 소비되며 출력 시간도 길어진다. 즉, 불필요한 서포트는 재료와 출력 시간을 낭비하게 한다.

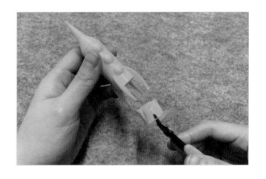

서포트를 최소한으로 사용하는 모델링은 어떤 모양일까?
출력 방향은 서포트에 어떤 영향을 줄까?

오버행 각도

오버행 각도는 서포트가 만들어지기 시작하는 각도를 의미한다. 90°로 공중에 뜬 형상은 반드시 서포트가 필요하지만, 완만한 경사각에서는 서포트가 없어도 출력이 가능하기 때문이다. 오버행 각도 설정을 통해 불필요한 서포트를 만들지 않을 수 있다. 또는 오버행 각도를 이해하고 있으면 모델링을 만들 때 서포트를 최소화하는 형태를 고려할 수 있다.

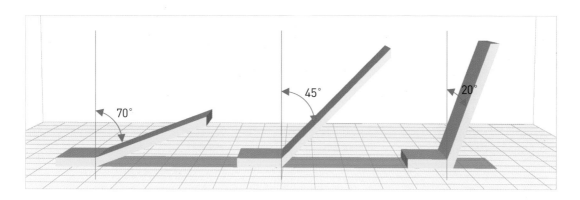

1 오버행 각도가 30°일 때

오버행 각도 30°보다 더 기울어진 70°, 45°의 두 도형에 서포트가 생겼다. 70°가 기울어진 면에는 서포트가 필요하지만, 45°는 서포트가 없어도 출력이 가능하다.

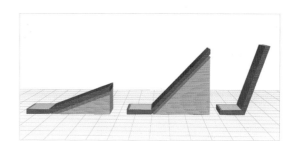

2 오버행 각도가 60°일 때

70° 기울어진 면에만 서포트가 생겼다. 일반적인 FDM 3D 프린터 방식에서는 오버행 각도를 50~60°로 설정하고 있다.

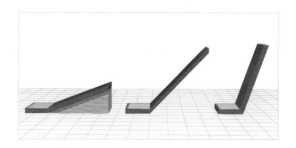

 📽 영상보기

다은쌤의 틴커캐드
응용하기

https://youtu.be/lDsChLHV870

01 호박 등 + LED 캔들

틴커캐드로 LED 호박 등을 모델링 해보자. 모델 안에 들어가는 LED 캔들의 크기를 고려해서 모델링해야 한다. 모델링 안에서도 같은 크기로 LED 캔들의 모양을 집어넣어 크기를 확인할 수 있다.

🔳 3D 프린팅으로 생각 확장하기

서포트에는 크게 2가지 모양이 있다. 하나는 3D 프린터의 바닥과 출력물 사이에만 생성되는 서포트, 다른 하나는 바닥뿐만 아니라 출력물 사이에도 생기는 서포트다. LED 호박 등에는 어떤 모양의 서포트가 필요할까?

① 모델링에 들어가기 전에

✦ 함께 사용할 재료의 크기 측정

01 LED 캔들을 구한다. 인터넷 쇼핑
몰이나 생활용품 판매점에서 쉽게
구할 수 있다.

02 출력물에 함께 사용할 LED 캔들
의 크기를 측정한다. 꼭 버니어 캘
리퍼스를 이용해 정확한 크기를
측정할 필요는 없다. 측정된 크기
보다 모델링에서 크게 구멍을 뚫
을 예정이다.

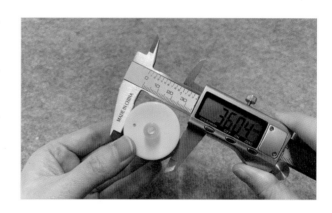

03 LED 캔들의 가로 폭과 높이 크기
만 확인하면 된다.

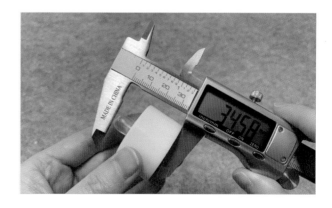

호박 몸통

01 구 도형을 작업 평면으로 가져온다. 색은 주황색으로 바꾼다. 단계를 24로 높여서 구를 최대한 동그랗게 만든다.

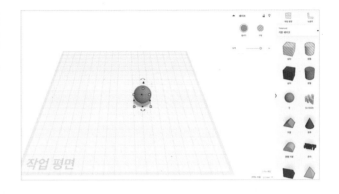

02 구 도형의 지름이 40mm가 되도록 크기를 키운다. 키보드의 [Shift]를 함께 누르고 크기를 조정해야 비율을 유지한 채로 크기가 커진다.

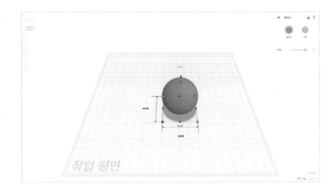

03 Y축 방향으로 크기를 줄여 20mm로 만들었다. 한쪽으로 납작해진 구형이 되었다.

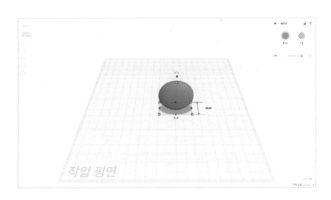

04 구 도형을 선택하고 복사, 붙여넣기를 한다. 일정 간격을 띄어 옆에 그림처럼 배치시킨다.

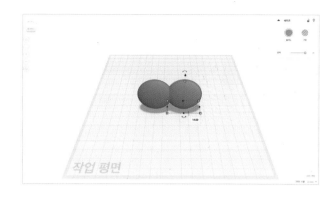

05 두 도형을 선택하고 정렬 기능을 실행한다. 두 구가 일직선상에 있게 정렬을 한다.

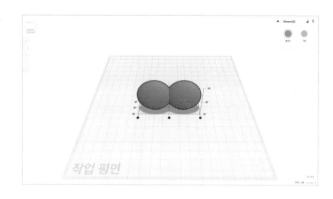

06 정렬된 두 구를 함께 선택하여 하나의 그룹으로 만든다.

07 그룹의 도형을 선택하고 Ctrl + D 를 누른다. 도형이 같은 자리에 복제되었다. 도형을 15° 회전한다. 작업하는 동안 선택이 풀리지 않게 아무것도 클릭하지 않아야 한다.

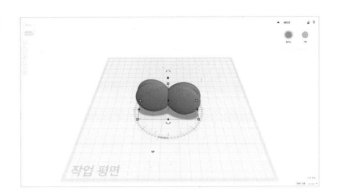

08 Ctrl + D 를 반복적으로 누른다. 도형이 복사될 뿐만 아니라 15°씩 회전되면서 나타난다.

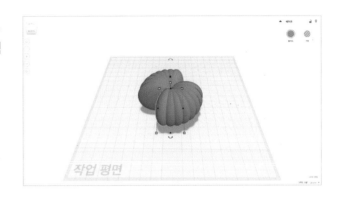

09 360° 한바퀴를 다 돌려 복제를 했다면, 전체를 선택하고 하나의 그룹으로 만든다.

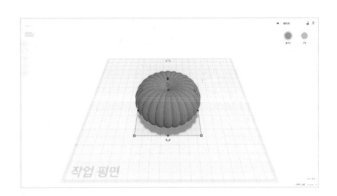

10 호박의 몸통이 만들어졌다. 앞으로 진행될 안쪽 모델링 작업이 잘 보이게 하기 위해서 주황색을 투명 호박으로 바꾼다.

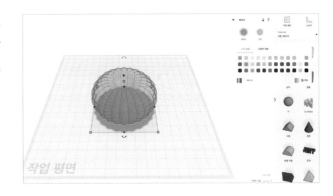

11 호박의 몸통을 선택해 복사, 붙여넣기하여 하나를 더 만든다. 복사된 호박의 몸통은 '구멍' 도형으로 만든다.

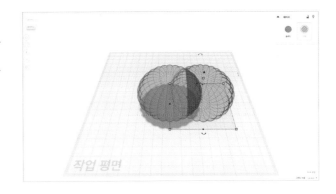

12 Shift 를 누른 채 구멍 도형의 호박 몸통의 크기를 줄인다. 호박의 안쪽을 비우게 만들 도형이다.

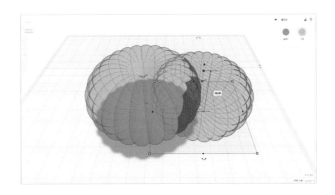

13 두 도형을 선택한다. 정렬 기능을
실행한다.

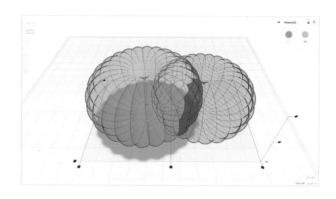

14 X, Y, Z 모든 축에서의 가운데 정
렬을 한다. 각 변의 가운데 있는
검정 동그란 점을 클릭하면 된다.

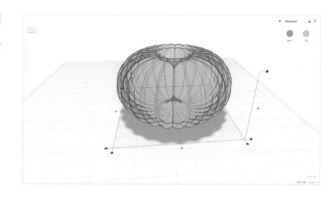

15 정렬된 후에 두 도형을 선택하여
그룹을 만든다. 안쪽에 구멍이 파
지면서 일정 두께의 호박이 남아
있는 것을 볼 수 있다.

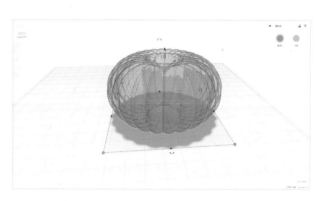

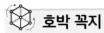 **호박 꼭지**

01 호박의 꼭지를 만든다. 기본 쉐이
프 중에 별을 가져온다

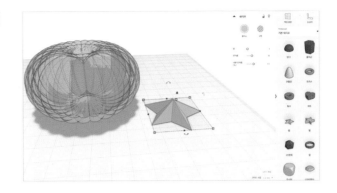

02 별의 꼭지점의 개수와 높이를 조
정한다. 책에서는 점을 10으로, 높
이를 30mm로 설정하였다.

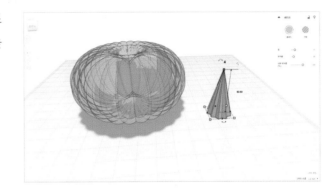

03 180° 회전하여 도형의 위아래를
바꾼다.

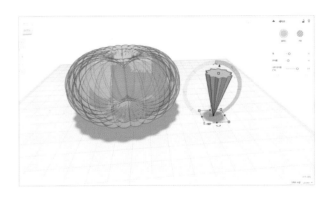

04 호박의 꼭지를 Z축 방향으로 위로 올린다. 그다음 호박과 함께 선택하여 X, Y축 방향으로 가운데 정렬을 한다.

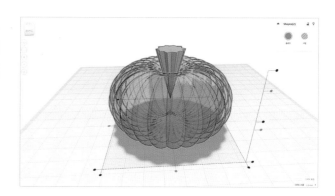

05 반투명의 구멍 원통 도형을 가져온다. 단계는 64로 변경하여 원통 도형을 둥글게 한다.

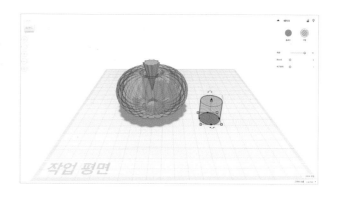

06 원통 도형의 크기를 앞서 측정한 LED 캔들보다 조금 크게 만든다. 이 원통 도형을 사용하여 호박에 LED 캔들이 들어가는 공간을 만들어줄 예정이다.

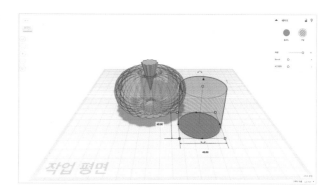

07 호박, 꼭지, 원통을 X, Y축 방향으로 가운데 정렬한다. 구멍 원통의 크기가 더 크다면 호박의 크기를 키워준다.

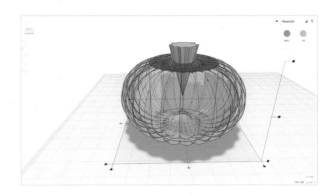

08 구멍 원통의 높이를 측정한 LED 캔들에 맞게 조절한다. 호박 꼭지 아래의 삐죽한 부분을 잘라야 하지만 호박 상단의 표면에 구멍을 만들면 안 된다.

09 전체를 선택하여 그룹으로 만든다. 아래에는 LED 캔들을 넣을 수 있는 구멍이 생겼다. 위에는 호박 꼭지의 삐죽한 부분을 잘랐다.

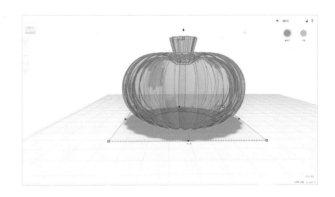

10 구멍 상자 도형을 가져온다.

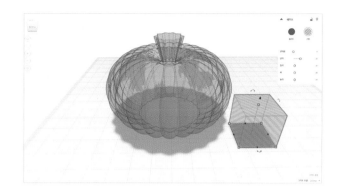

11 상자 도형을 호박의 전체보다 크게 만든다. 높이는 1mm로 만든다.

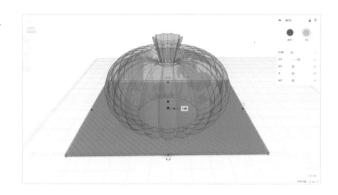

12 바닥의 구멍 상자 도형과 호박을 선택하여 그룹을 만든다. 호박의 바닥의 1mm가 잘렸다. D를 눌러 호박을 작업 평면에 붙인다.
3D 프린팅을 할 때 바닥의 안착 면을 위해 밑에 둥근 부분을 잘라 납작한 면을 만들었다.

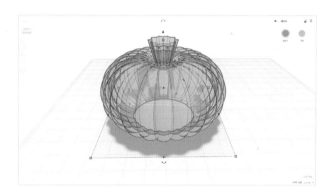

01 손그림(Scribble)을 작업 평면으로 가져온다.

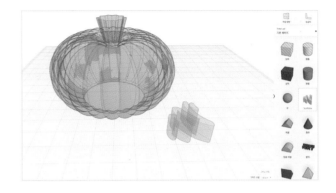

02 손그림으로 호박의 얼굴을 그려준다. 다 그린 후 오른쪽 하단의 "종료(Done)"를 클릭한다.

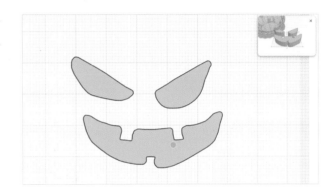

03 눈과 입을 구멍으로 호박에 뚫어준다. 색이 없는 구멍 도형으로 바꾼다.

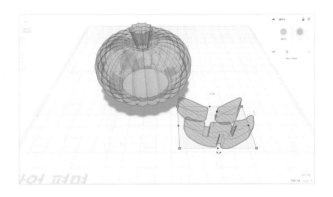

04 90°로 회전하여 도형을 작업 평면
에 수직으로 세운다. 구멍을 만들
고 싶은 호박의 위치로 가져간다.

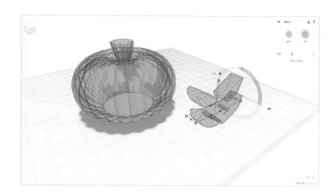

05 호박에 구멍이 잘 뚫릴 수 있게 구
멍 도형의 크기, 위치, 두께를 조정
한다.

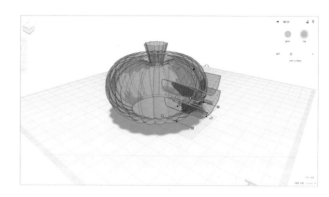

06 전체 선택을 하고 하나의 그룹을
만든다. 호박에 눈과 입의 구멍이
뚫렸다.

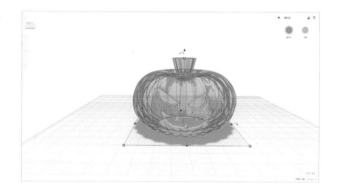

07 자신이 사용할 LED 캔들을 같은 크기로 모델링한다. 원통과 구를 사용하면 쉽게 만들 수 있다.

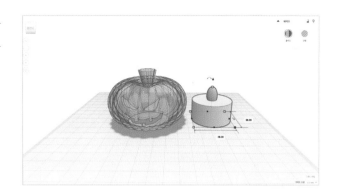

08 호박 안으로 LED 캔들 모형의 도형을 넣어본다. LED 캔들이 들어가는 충분한 공간을 간접적으로 확인할 수 있다.
호박이 LED 캔들에 비해 너무 크거나 작으면 Shift 를 누르고 크기를 조정한다.

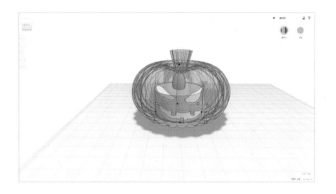

09 호박이 완성되었다. 모델링 파일을 "stl" 파일로 내보내기하여 파일을 다운로드한다.

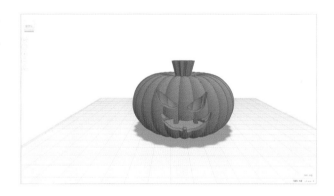

③ FDM 3D 프린터로 출력하기

01 앞서 만든 모델링 "stl" 파일을 사
용할 프린터에 맞는 슬라이서 프
로그램에 불러온다.
호박 등의 바닥에 붙는 면적이 좁
기 때문에 '브림'을 선택해주는 것
이 좋다.

02 슬라이서 프로그램에서 레이어뷰
로 본 모습이다. 서포트 없이 그냥
출력한다면 호박의 꼭지 부분에서
갑자기 모양이 생겨남을 확인할
수 있다.

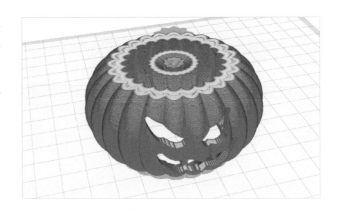

03 실제로 서포트가 없는 상태로 뽑
아보았다. 호박의 꼭지 부분이 지
저분하게 무너진 것을 확인할 수
있다.

04 호박을 출력하기 위해서는 서포트 설정이 꼭 필요하다. 그래야 호박의 꼭지 부분이 서포트 위에 만들어질 수 있다.

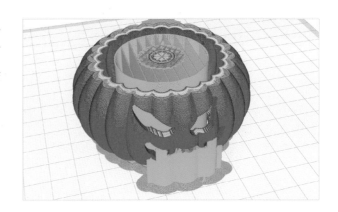

 아하!

서포트에는 크게 2가지 설정이 있다. Cura에서는 '빌트 플레이트 위', '어디에나'로 구분한다.

❶ '빌트 플레이트 위'는 베드, 바닥에서부터 올라오는 서포트를 말한다. 바닥에는 하늘색의 서포트가 생겼지만, 호박의 눈 사이에는 서포트가 생기지 않았다.

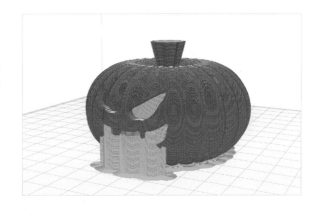

❷ '어디에나' 서포트를 공중에 뜬 모든 공간에 서포트를 만들어 준다. 호박 눈에도 서포트가 생겼다. 서포트는 오버행 각도의 설정에 따라서도 달라질 수 있다.

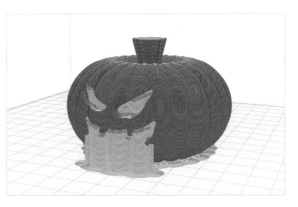

05 브림과 서포트를 설정을 선택하고
호박을 3D 프린터로 출력한다.

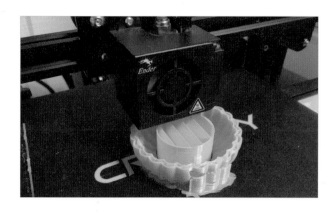

06 브림과 서포트가 함께 출력된 호
박의 모습이다.

07 브림과 서포트를 제거해준다.

08 서포트를 모두 제거했다.

09 호박의 안쪽에 준비한 LED 캔들을 넣어본다. LED 캔들의 크기를 잘 고려해서 모델링했다면 문제없이 들어갈 것이다.

10 LED를 키고 주변의 불을 꺼본다. 빛나는 LED 캔들 호박이 완성된다.

틴커캐드로 사슬을 모델링 해보자. 동그란 링이 서로 연결되어 한 번에 출력되는 사슬이다. Ctrl+D의 복제 기능과 미러 기능을 함께 사용하여 만드는 패턴을 알 수 있다.

3D 프린팅으로 생각 확장하기

사슬을 모델링할 때 기울기에 따라 서포트가 필요할 수도 있고, 서포트가 없어도 출력이 가능하다. 서포트가 없어도 출력되는 각도는 얼마까지 가능할까? 원형 이외에 어떤 모양 을 사슬처럼 패턴을 만들 수 있을까?

1 틴커캐드로 모델링

01 튜브 도형을 가져온다.

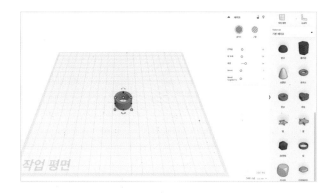

02 측면의 값을 64로 높인다. 표면을 더 둥글게 만든다.

03 튜브 도형의 높이를 5mm로 만든다.

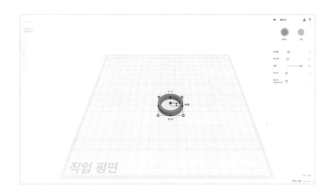

04 튜브를 90° 회전시켜 작업 평면에 수직으로 세운다. 튜브가 선택된 상태에서 D를 누른다. 튜브가 작업 평면 위로 올라온다.

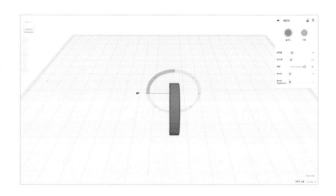

05 튜브를 왼쪽으로 22.5° 기울게 회전시킨다.

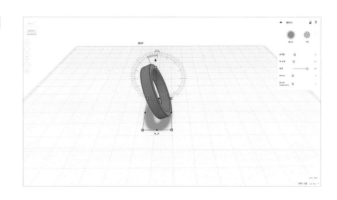

06 Ctrl+D를 눌러 같은 도형을 같은 자리에 복제시킨다. 상단의 대칭을 눌러 좌우 모양을 반전시킨다. 대칭의 단축키는 M이다.

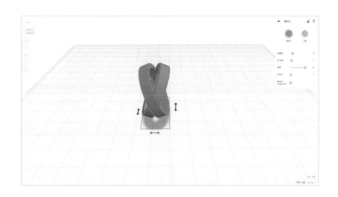

07 반전시킨 도형을 일직선상으로 이 동시킨다. 키보드의 [Shift]를 누 르고 이동시키면 된다. 두 도형 사 이의 거리는 약 80mm이다.

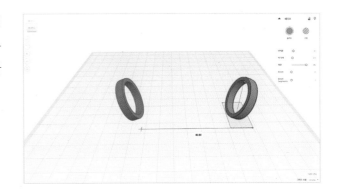

08 두 도형을 선택하여 [Ctrl]+[D]를 누른다.

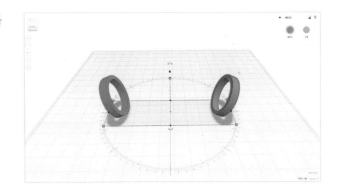

09 작업 평면을 중심으로 복제된 도 형을 22.5° 회전시킨다.

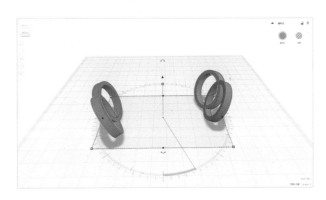

10 회전시킨 다음에 상하 반전을 시
킨다. 도형의 선택이 풀리지 않게
다른 것을 클릭하지 않는다.

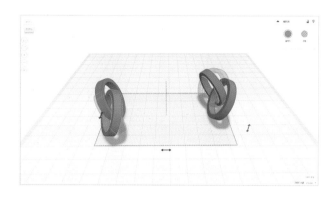

11 Ctrl+D를 다시 누른다. 22.5° 회
전되면서 상하 반전된 도형이 나
타난다.

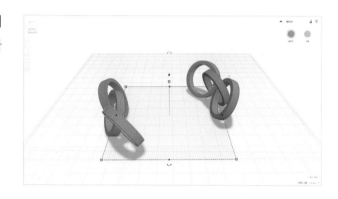

12 Ctrl+D를 반복적으로 누른다.
체인이 만들어지는 모습을 볼 수
있다.

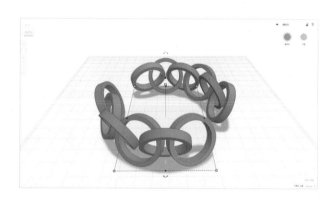

13 체인 도형이 한바퀴를 다 만들 때
까지만 복제하면 된다.

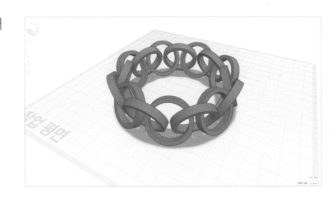

14 상자 구멍 도형을 가져온다.

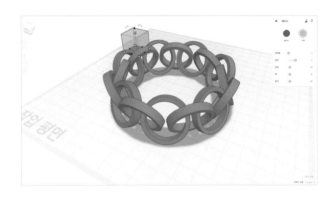

15 만들어진 체인의 영역을 포함할
수 있게 크기를 키운다.

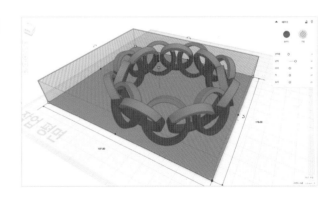

16 구멍 도형의 높이는 1mm로 설정한다. 바닥을 얇게 잘라준다. 바닥의 잘린 면은 출력할 때 바닥의 안착력을 높이기 위함이다.

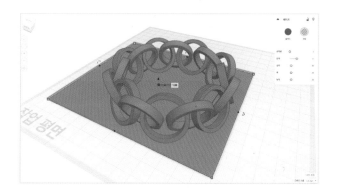

17 전체를 선택하여 그룹을 만든다. 체인의 바닥 부분이 1mm 깎인다.

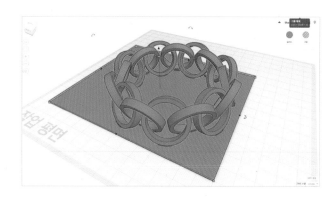

18 D를 눌러 도형을 작업 평면에 붙인다. 체인이 완성되었다. "stl" 파일로 다운로드한다.

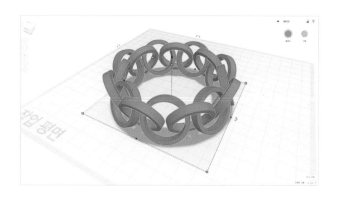

2 FDM 3D 프린터로 출력하기

01 체인의 "stl" 모델링 파일을 사용
할 프린터에 맞는 슬라이서 프로
그램에 불러온다.

02 레이어뷰로 본 모습이다. 바닥을
잘라주어 면적을 만들었지만 그래
도 바닥에 붙는 면적은 좁다. 안전
한 출력을 위해 '브림'을 선택해주
는 것이 좋다. 하늘색의 브림이 생
성된 것을 볼 수 있다.

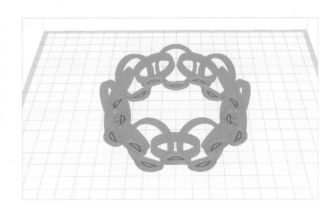

03 50°의 오버행 각도일 때 생성된 서
포트의 모습이다. 서포트를 추가
로 만들면 출력 시간은 1시간 이
상 늘어난다. 사슬을 출력하는데
서포트가 필요할까?

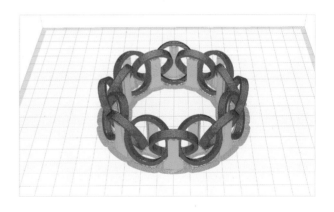

04 앞서 틴커캐드에서 모델을 만들 때 링을 22.5°만 기울였다. 22.5°는 서포트가 없어도 출력이 가능한 각도이다.

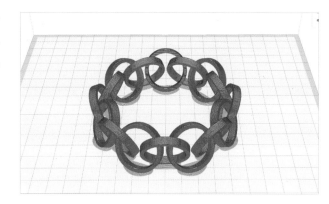

05 브림만 선택하여 슬라이싱하고 FDM 3D 프린터로 출력한다.

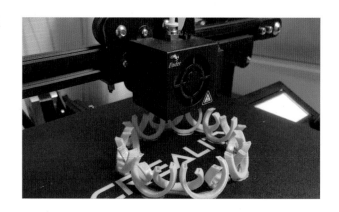

06 아래에서부터 위로 층층이 재료가 쌓아지면서 형상을 만든다. 링 형 태의 사슬 구조가 서로 연결되어 출력된다.

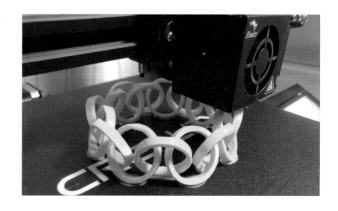

07 출력이 완료되었다. 각 사슬은 서
로 연결되어 있다.

08 각 사슬에 남아있는 브림을 제거
한다.

09 연결된 사슬이 완성되었다.
도형의 기울인 각도를 생각하고
모델링하면, 서포트가 없어도 출력
할 수 있다. 서포트를 사용하지 않
아 버려지는 재료와 출력 시간을
아낄 수 있다.

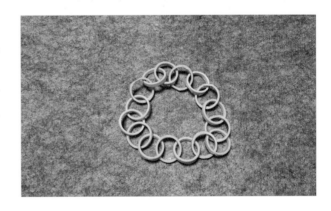

03 우주 비행기

틴커캐드로 우주 비행기를 모델링 해보자. 모델링 작업의 편의를 위해 우선 크게 만든다. 그다음 3D 프린터 출력을 위해 전체 크기를 조절한다.

🏗 3D 프린팅으로 생각 확장하기

서포트가 적게 필요한 출력 모양을 생각해본다. 다 만들어진 모델을 출력하는 방향에 따라 서포트의 양이 어떻게 달라질까? 어떤 방향으로 출력하는 것이 좋을까?

1 틴커캐드로 모델링

🔷 우주 비행기 몸체

01 원추 도형을 가져온다. 측면의 값을 64로 설정하여 둥글게 한다.

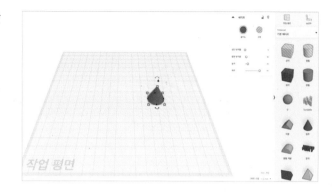

02 90° 회전하여 원추 도형을 작업 평면 방향으로 뉘어준다.

03 원추 도형의 한쪽 모서리를 잡고 크기를 키운다. 책에서는 원추의 X축 방향은 136mm, Y축 방향은 177mm로 하였다. 높이는 변하지 않고 가로, 세로 크기만 늘린다. 모델링 작업의 편의를 위해 크게 만들고 마지막에 크기를 줄일 예정이다.

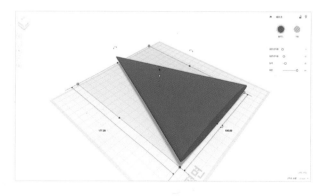

04 상자 도형을 가져온다. 상자의 X 축 방향은 120mm, Y축 방향은 35mm로 크기를 키운다.

05 상자 도형의 Z축 방향 높이는 3mm 로 하였다.

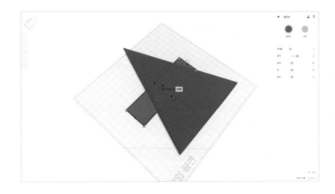

06 상자와 원추 도형을 선택하여 정 렬을 해준다. X, Z축 두 방향에서 가운데 정렬을 하였다.

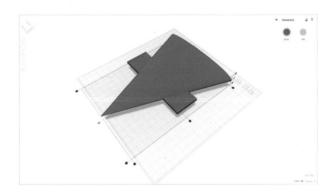

07 구멍 상자 도형을 가져온다. 하나는 원주의 뾰족한 모서리를 깎을 수 있게 갖다 둔다. 다른 하나는 크기를 키워 그림과 같이 원주의 왼쪽 부분을 자를 수 있게 놓는다.

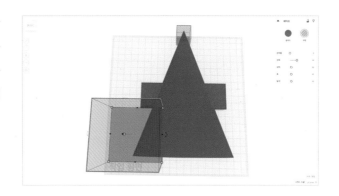

08 크기를 키운 구멍 상자 도형을 복사, 붙여넣기한다. Shift 를 누르고 일직선상으로 움직여 오른쪽 부분에 갖다 놓는다.

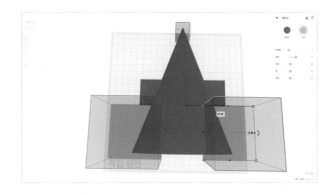

09 커다란 2개의 구멍 상자 도형을 함께 선택한다. 2개의 구멍 도형을 먼저 하나의 그룹으로 만든다.

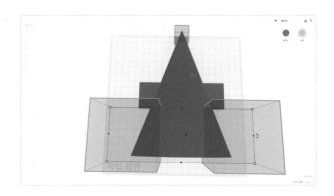

10　원추 밑부분을 자르는 구멍 도형을
하나 더 가져오고 크기를 키운다.

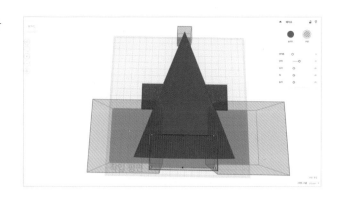

11　전체 도형을 선택하여 정렬한다.
X축 방향으로 가운데 정렬을 하
였다.

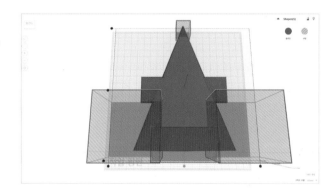

12　전체를 선택하여 그룹을 만든다. 구
멍 도형의 겹쳐진 부분이 사라지면
서 비행기의 몸체가 만들어졌다.

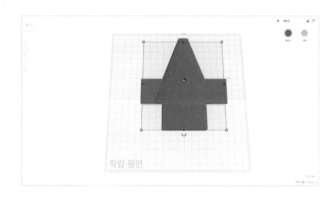

01 원통 도형을 가져온다. 측면의 값
을 64로 높여 둥글게 만든다. 원
통을 선택하고 Ctrl + D 를 누른
다. 같은 자리에 같은 크기의 원통
이 복제되었다.

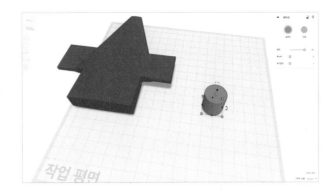

02 복제된 원통을 Shift 를 누르고
크기를 줄여준다. 지름이 14mm
인 원통을 만들었다.

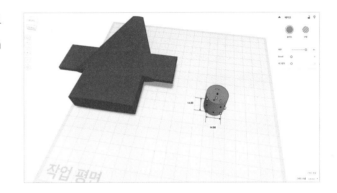

03 크기를 줄인 원통의 높이를 90mm
늘려 준다. 두 원통을 선택하여 하
나의 그룹으로 만든다.

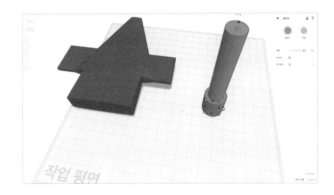

04 X축 중심 방향으로 90° 회전한다. 비행선 양쪽의 미사일을 표현할 도형이다.

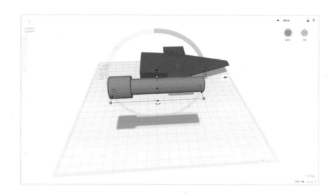

05 비행기쪽으로 도형을 가져간다. Shift 를 누르고 크기를 줄여준다.

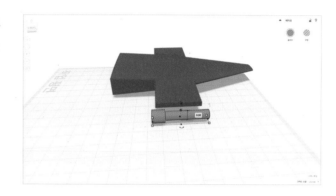

06 비행기와 미사일 도형을 선택하여 정렬을 한다. Z축 방향으로 가운데 정렬을 하였다.

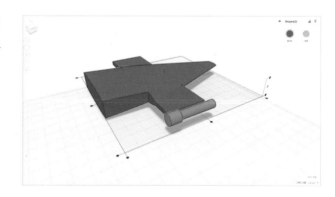

07 미사일 도형을 복사, 붙여넣기한
다. [Shift]를 눌러 일직선상으로
움직인다. 반대쪽 날개 끝에 위치
시킨다.

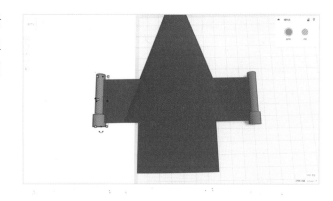

08 두 미사일을 선택하여 하나의 그
룹으로 먼저 만든다.

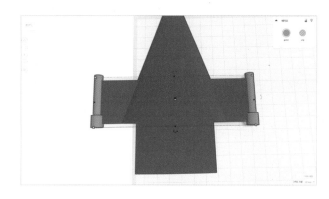

09 비행기 몸체와 미사일을 X축 방향
으로 가운데 정렬시킨다.

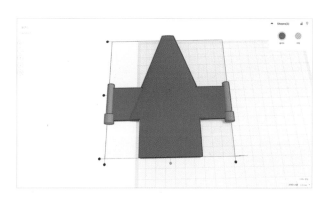

10 두 도형을 그룹으로 만든다. 도형
이 그룹되면 색이 같아진다. 솔리
드의 '여러 색'을 체크하여 각각의
색이 나타나게 한다.

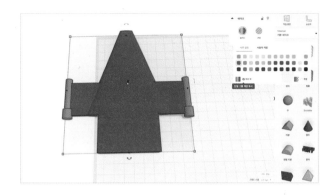

우주 비행기 꼬리 엔진

01 토러스 도형을 가져온다.
Ctrl + D 를 눌러 토러스 도형을
복제한다.

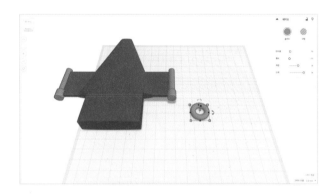

02 복제된 도형을 Z축 방향으로
10mm 이동시킨다.

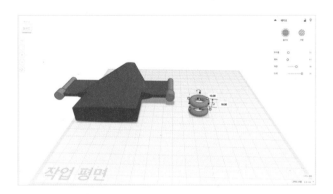

03 Ctrl + D 를 반복적으로 누른다. 토러스 도형이 같은 간격으로 복제가 되었다.

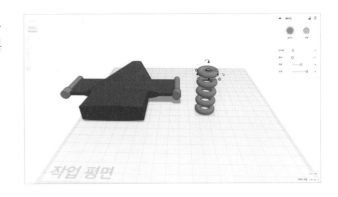

04 원통 도형을 가져와 측면의 값을 64로 한다. Shift 를 누르고 원통 도형의 지름을 16mm로 줄인다.

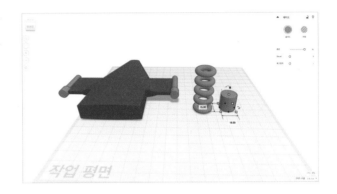

05 원통 도형의 높이를 45mm로 키운다.

06 복제된 토러스와 원통 기둥을 선택한다. X, Y축 방향으로 가운데 정렬을 한다.

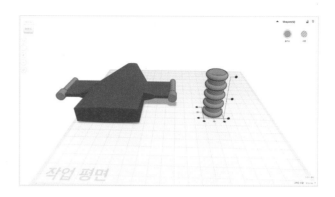

07 정렬이 되었으면 하나의 그룹으로 만든다.

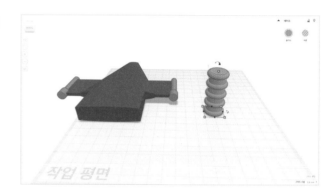

08 상자 도형을 가져와 X축 방향은 45mm, Y축 방향은 25mm 크기로 만든다. 높이는 4mm이다.

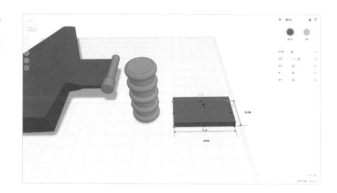

09 폴리곤 도형을 가져온다. 90° 회전
했다.

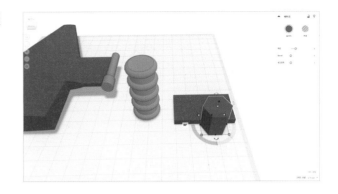

10 높이를 상자와 동일하게 4mm로
한다.

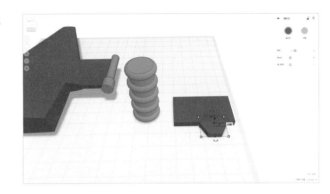

11 폴리곤 도형을 하나 더 복사, 붙여
넣기하여 그림처럼 위치시켰다.

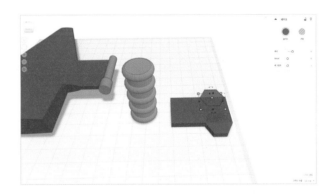

12 비행기의 꼬리 날개 부분이다. 위의 날개가 될 폴리곤을 조금 더 키웠다.

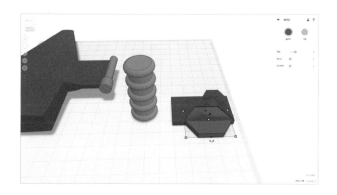

13 상자와 두 폴리곤 도형을 선택하여 하나의 그룹으로 만들었다.

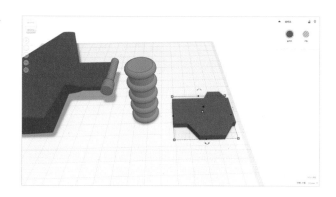

14 꼬리 날개를 90° 회전하여 원통과 수평이 되게 세웠다.

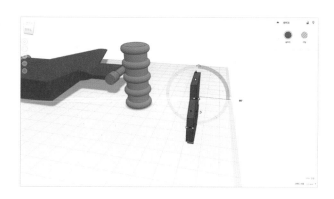

15 원통과 꼬리 날개를 선택하여 X축
방향으로 가운데 정렬을 했다.

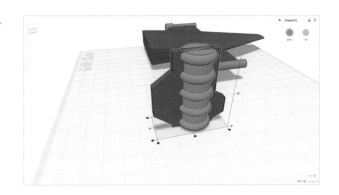

16 정렬된 두 도형을 하나의 그룹으
로 만들었다.

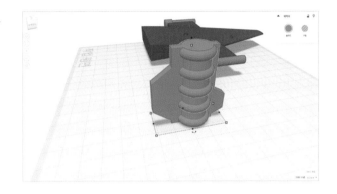

17 비행기 몸체와 수평이 되게 90°로
회전하였다.

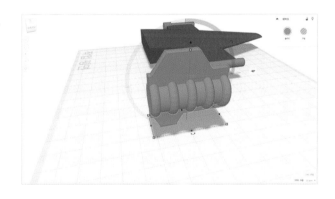

18 비행기의 꼬리 날개이자 엔진 부분이다. 꼬리 엔진을 비행기 몸체의 크기에 맞게 줄여준다.

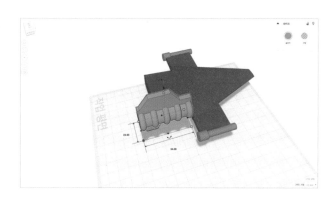

19 비행기 몸체나 또는 꼬리 엔진의 위치를 이동한다. 책에서는 비행기 몸체를 Z축 방향으로 위로 조금 이동했다.

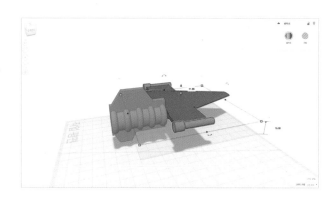

20 꼬리 엔진이 비행기 몸체와 떨어지지 않고, 서로 겹쳐 놓는다.

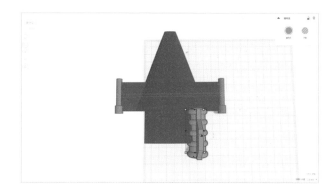

21 꼬리 엔진을 하나 복사, 붙여넣기 한다. [Shift]를 누르고 일직선상으로 움직인다.

22 두 꼬리 엔진을 먼저 하나의 그룹으로 만든다.

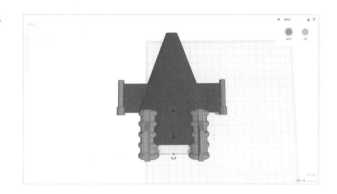

23 꼬리 엔진과 비행기 몸체를 선택하여 X축 방향으로 가운데 정렬을 한다. 정렬을 하고 하나의 그룹으로 만든다.

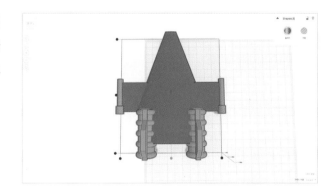

24 원추 도형을 가져온다. 측면의 값을 64로 설정한다.

25 두 꼬리 엔진 사이에 또 따른 엔진 분출구를 표현해준다. 크기를 조정하고 위치를 옮긴다.

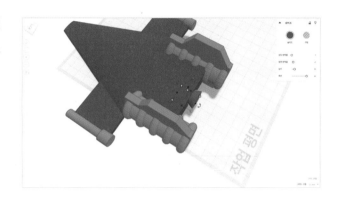

🔷 우주 비행기 조종석

01 구 도형을 가져온다. 단계를 24로 설정하여 원이 둥글게 한다. Y축 방향으로 60mm로 길게 만든다.

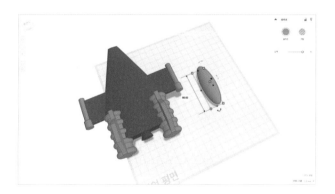

02 토러스 도형을 가져온다.
반지름은 10mm, 튜브는 1mm로
설정한다. 기존의 토러스보다 더
얇은 링이 만들어졌다.

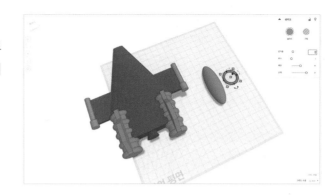

03 토러스 도형을 90° 회전하여 세운다.

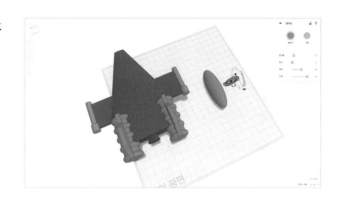

04 길쭉한 구 도형과 토러스 도형을
모든 방향에서 가운데 정렬을 한
다. 정렬하고 난 후, 두 도형은 하
나의 그룹으로 만든다.

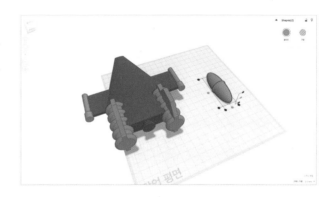

05 비행기 몸체로 가져간다. 크기와
위치를 조정하여 비행기의 조종석
을 표현한다.

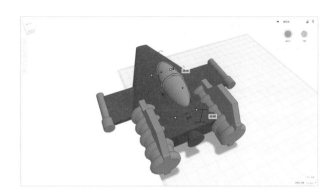

06 비행기 몸체의 기울기에 맞게 앞
으로 약간 회전 시켜도 좋다.

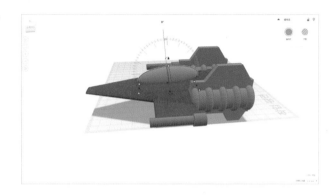

07 전체 도형을 선택한다. 모든 도형
을 X축 방향으로 가운데 정렬한다.
정렬하고 난 후, 도형을 하나의 그
룹으로 만든다.

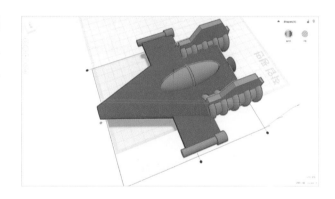

08 완성된 우주 비행기를 90° 회전하여 작업 평면에 수직인 방향으로 세운다. D를 누르면 작업 평면 위로 비행기가 붙는다.

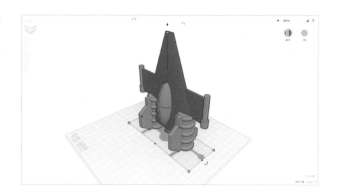

09 모델링 작업의 편이를 위해 크게 만들었다. 3D 프린터로 출력하기 위한 크기로 수정한다. "stl" 파일로 다운로드한다.

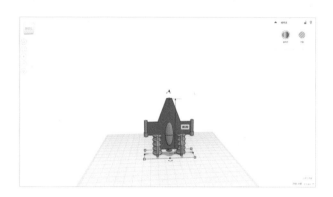

아하!

비행기를 바닥에 붙인 상태로 출력하게 되면 많은 양의 서포트가 사용된다. 비행기의 출력 방향을 회전하면 서포트의 사용을 최소화할 수 있다.

틴커캐드에서 회전해도 좋고, 슬라이서 프로그램에서 모델링을 회전해도 좋다.

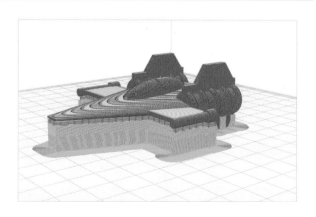

2 FDM 3D 프린터로 출력하기

01 우주 비행기 "stl" 모델링 파일을 사용할 프린터에 맞는 슬라이서 프로그램에 불러온다.
우주 비행기는 세로 방향으로 출력하는 것이 유리하다. 하지만 바닥에 붙는 면적이 좁기 때문에 '브림'을 선택해주고, 공중에 떠 있는 날개에는 서포트가 필요하다.

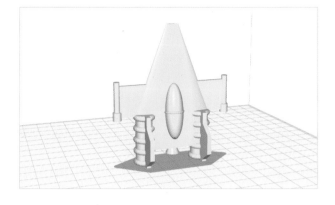

02 서포트와 브림을 선택하고 '레이어 뷰' 모습으로 관찰한 사진이다. 하늘색의 서포트와 브림이 생성되었다.

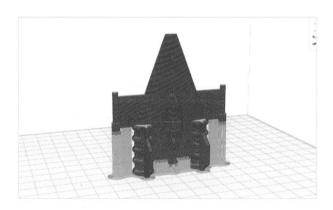

03 FDM 3D 프린터로 출력한다.

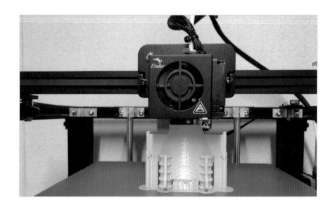

04 출력이 완료된다.

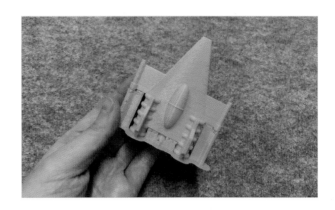

05 날개에 붙어 있는 서포트와 브림
을 제거한다.

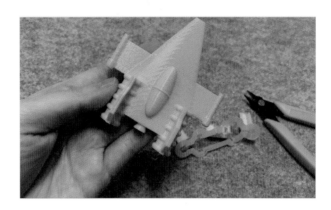

06 우주 비행선이 완성되었다.

04 미니 신전

틴커캐드로 미니 신전을 모델링 해보자. Ctrl+D를 사용하여 바둑판 배열하는 방법을 알 수 있다. 3D 프린터 출력을 위해 각각의 "stl" 파일을 사용한다.

🗃 3D 프린팅으로 생각 확장하기

신전의 지붕을 출력하기 위해서는 서포트가 필요하다. 어떻게 하면 서포트를 적게 사용할 수 있을까? 어떻게 하면 출력 시간을 줄일 수 있을까? 꼭 하나의 모델링으로 출력하는 것이 좋은 방법일까?

1 틴커캐드로 모델링

미니 신전 기둥

01 원통 도형을 가져온다. 측면의 값
을 64로 설정해 둥근 원통 도형을
만든다.

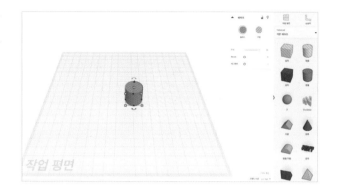

02 키보드의 [Shift]를 눌러 지름은
10mm로 줄인다.

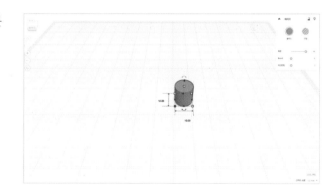

03 원통 도형의 높이는 40mm로 설
정한다.

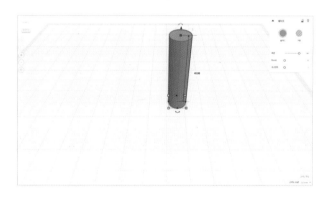

04 상자 도형을 가져온다.

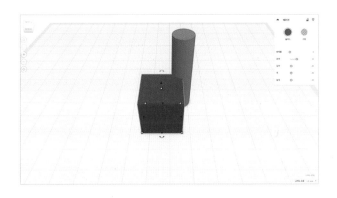

05 ⎡Shift⎤를 누르고 각 변의 길이를
12mm로 줄인다.

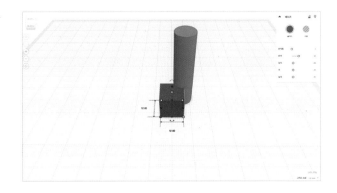

06 상자 도형의 높이를 4mm로 설정
한다.

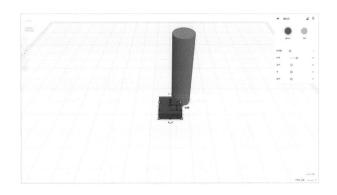

07 두 도형을 선택하여 정렬을 한다. 정렬의 단축키는 ⬜L⬜이다. Z축 방향은 상단 정렬을 하고 나머지는 가운데 정렬을 한다.

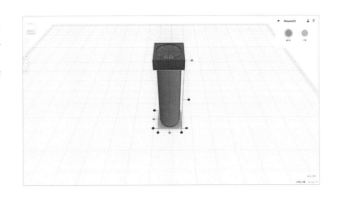

08 신전의 기둥 하나가 만들어졌다. 정렬을 한 도형은 흐트러지지 않게 먼저 하나의 그룹으로 만든다.

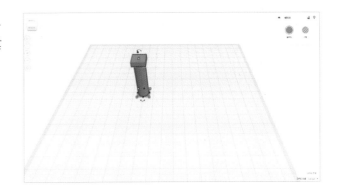

09 기둥을 선택하고 ⬜Ctrl⬜+⬜D⬜를 누른다. ⬜Shift⬜를 누르고 일직선상에서 15mm 움직인다.

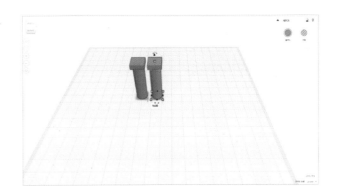

10 [Ctrl]+[D]를 반복하여 누른다.
행 방향의 등 간격으로 나란한 기
둥을 만든다.

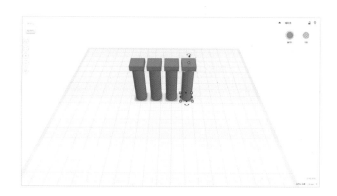

11 일렬로 만들어진 기둥을 전체 선
택한다. [Ctrl]+[D]를 누른다.

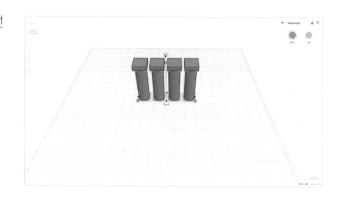

12 아래 방향으로 [Shift]를 누르고
20mm 움직인다.

13 Ctrl+D를 반복하여 누른다. 열 방향으로 기둥이 반복적으로 생겼다. Ctrl+D를 사용하여 바둑판식 배열로 기둥을 만들었다.

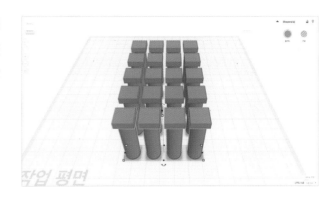

14 신전에는 가장 외각에만 기둥이 필요하다. 안쪽의 기둥을 선택한다.

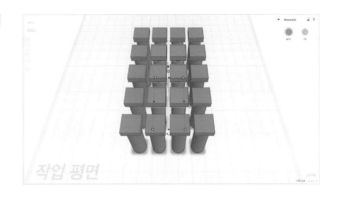

15 안쪽의 기둥을 삭제한다.

16 기둥을 전체 선택하여 하나의 그룹으로 만든다. 등 간격으로 만든 배열이 흐트러지지 않게 한다.

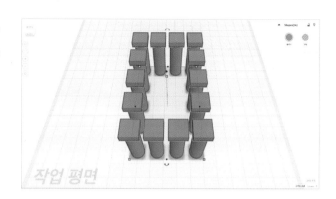

⬡ 미니 신전 바닥

01 상자 도형을 가져온다. 신전의 바닥을 만들어 줄 것이다.

02 상자 도형이 기둥을 포함할 수 있게 크게 만든다. 책에서는 X축 방향 70mm, Y축 방향 100mm로 하였다.

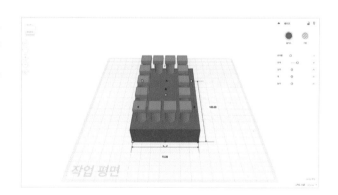

03 높이는 3mm로 하였다.

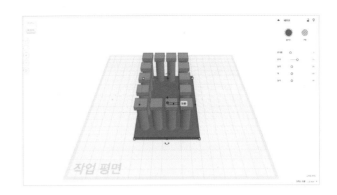

04 바닥 도형과 기둥 도형을 선택하여 가운데 정렬을 해준다.

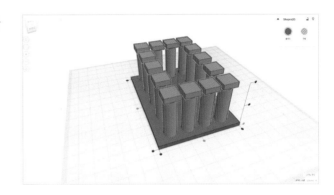

05 바닥 도형을 선택하여 Ctrl + D 를 누른다. 같은 도형이 같은 자리에 생겼다.
Shift 와 Alt 를 누른 상태로 크기를 줄인다. 도형의 중심 위치가 고정된 채 크기가 줄어든다.

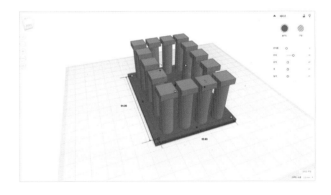

06 복제하고 크기를 줄인 상자 도형의
높이를 6mm로 변경하였다. 계단
식의 바닥이 한층 더 만들어졌다.

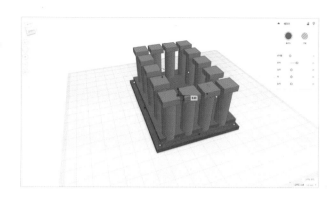

07 모든 도형을 선택하여 다시 한 번
정렬을 해준다. 계단식의 신전 바
닥이 생겼다. 두 상자 도형만 선택
하여 바닥을 하나의 그룹으로 만
든다.

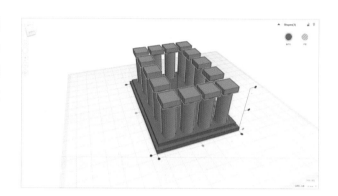

미니 신전 지붕

01 신전의 지붕을 만들어 준다. 지붕
도형을 가져온다.

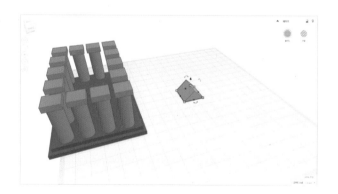

02 지붕 도형을 앞서 만든 신전의 바
닥 크기와 같은 크기로 키운다.
X축 방향 70mm, Y축 방향 100
mm이다.

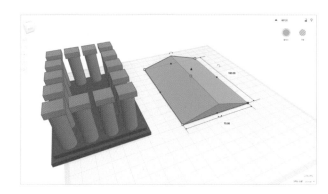

03 지붕 도형을 복사, 붙여넣기를 한
다. 옆에 생긴 지붕 도형을 구멍
도형으로 만들었다.

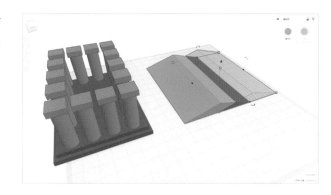

04 구멍의 지붕 도형의 크기를
Shift 를 누르고 줄여준다. 높이
가 4mm가 구멍 도형이 되었다.

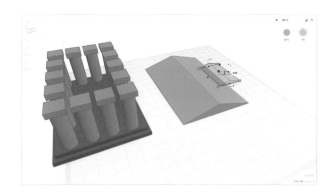

05 구멍 도형을 지붕의 앞으로 가져온다. 구멍 도형의 Y축 두께는 2mm로 한다.

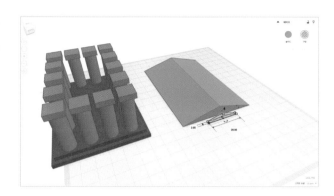

06 구멍 도형을 하나 더 복사, 붙여놓기한다. 반대쪽에 사용할 예정이다.

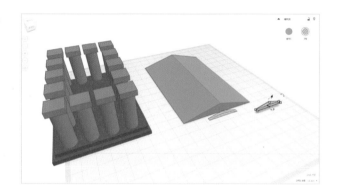

07 초록색 지붕 도형과 앞의 구멍 도형을 선택하여 정렬을 한다. Y축 방향으로는 앞쪽 모서리 방향으로 정렬하고, 나머지는 가운데 정렬을 한다.

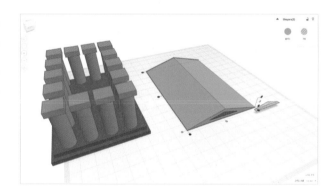

08 두 도형을 그룹을 만든다. 초록색
의 지붕 도형 앞에 삼각형의 홈이
생겼다.

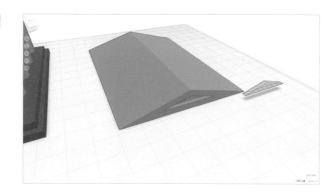

09 복사해두었던 구멍 도형을 반대쪽
지붕 면으로 가져간다. 같은 방법
으로 정렬하고 그룹을 만든다.

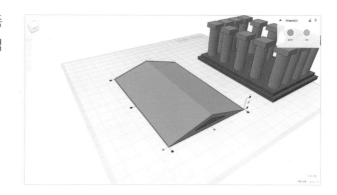

10 지붕 도형을 신전의 기둥 위로 올
린다. 미니 신전이 완성되었다.

아하!

① 지붕, 기둥, 바닥이 하나로 모델링으로 완성된 미니 신전을 슬라이서 프로그램에 불러왔다.

② 미니 신전은 바닥과 기둥을 잘 출력이 되지만 지붕은 서포트 없이는 출력이 불가능하다. 공중에 떠 있는 형상은 모두 다 무너질 것이다.

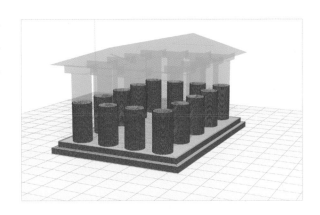

③ 서포트 생성을 선택하고 다시 레이어뷰를 확인하였다. 서포트가 생기면 지붕은 출력이 될 것이다. 하지만 나중에 지붕 밑에 서포트를 제거하기 힘들다. 미니 신전 모양에서는 서포트를 선택해서 출력하는 것은 좋지 않다.

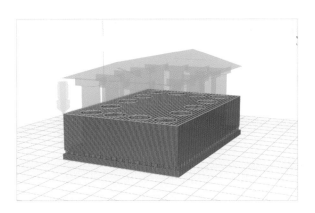

3D 프린팅을 위한 미니 신전 모델링 나누기

01 하나의 모양으로 출력하는 것이 항상 좋은 방법은 아니다. 3D 프린터 출력을 위해 미니 신전 모델을 나눠 본다. 우선 기둥을 하나 복사, 붙여넣기한다.

02 미니 신전 전체도 하나 복사, 붙여넣기한다.

03 왼쪽과 가운데 신전의 기둥을 선택하여 구멍 도형으로 만들었다.

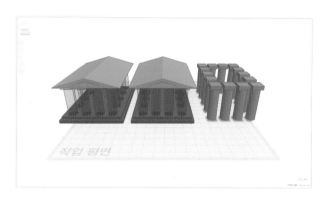

04 가장 왼쪽의 신전의 지붕을 삭제
했다. 가운데 있는 신전의 바닥을
삭제했다.

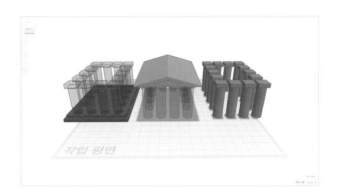

05 왼쪽 신전의 기둥의 높이를 Z축
방향으로 4mm 올렸다. 기둥이
신전의 바닥에 구멍이 아니라 홈
을 파기 위해서다.

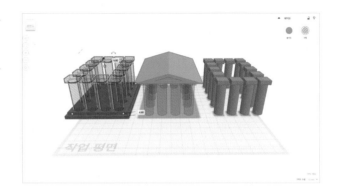

06 바닥과 구멍 기둥 도형을 선택하여
그룹을 만든다. 바닥에 기둥이 들
어갈 자리에 둥글게 홈이 파였다.

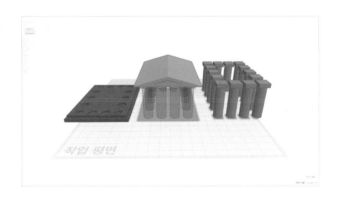

07 지붕 도형을 솔리드를 눌러 '투명'을 체크한다. 기둥의 홈이 얼마나 파지는지 눈으로 더 잘 보인다.

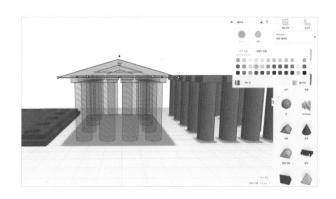

08 지붕의 높이를 조정한다. 지붕과 구멍 기둥을 그룹으로 만든다. 기둥의 자리에 홈이 파였다. 너무 깊게 홈이 파지지 않게 주의한다.

09 홈이 파인 지붕을 선택하고 D를 누른다. 도형이 작업 평면 바닥으로 내려온다.

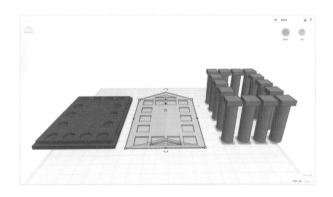

10 기둥의 그룹을 해제한다. 기둥의 배열을 꼭 신전의 모양처럼 뽑을 필요가 없다. 3D 프린팅 출력 시간만 오래 걸린다.

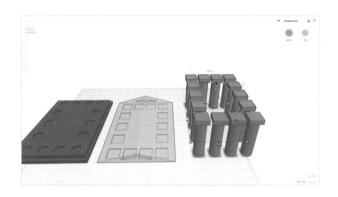

11 한 행의 배열을 남겨 놓고 나머지 기둥을 지운다. 한 행의 기둥을 선택하여 Ctrl+D를 누른다.

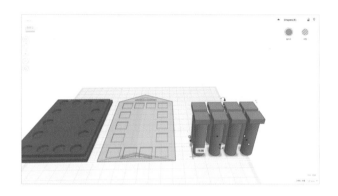

12 필요한 기둥의 개수만큼 일렬로 복제를 한다.

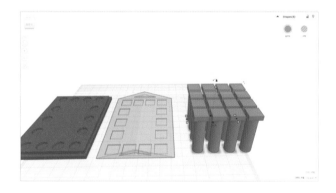

13 신전에는 14개의 기둥이 필요하다. 그래서 2개는 지웠다.

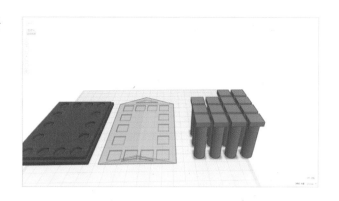

14 원 기둥의 방향이 아래로 가기 보다는 면적이 조금 더 넓은 네모를 바닥으로 3D 프린팅하는 것이 더 안전하다. 기둥을 180° 회전시켰다.

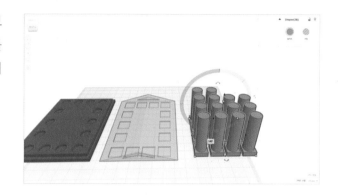

15 3D 프린터 출력을 위한 미니 신전의 부품이 완성되었다. 바닥, 지붕, 기둥을 각각 다른 "stl" 파일로 다운로드한다.

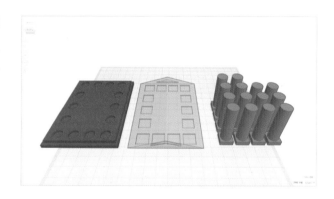

☑ FDM 3D 프린터로 출력하기

01 미니 신전의 각 모델링 파일을 사용할 프린터에 맞는 슬라이서 프로그램에 불러온다. 각각 따로 출력하는 것이 좋다.
신전의 바닥 모델링은 안착면이 충분하기 때문에 브림이 필요하지 않다.

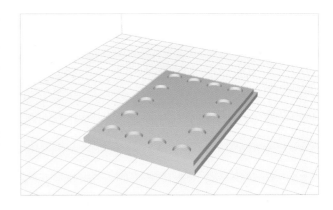

02 신전의 지붕 역시 안착면이 충분하기 때문에 브림이 필요하지 않다. 기둥을 연결할 네모 모양의 구멍은 3D 프린터의 브릿지의 역할로 서포트가 없어도 출력 가능하다.

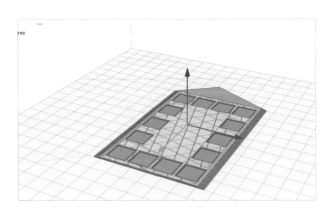

03 신전의 14개의 기둥을 한번에 뽑을 예정이다. 바닥의 안착면에 비해 높이가 높은 출력물이다. 안전한 출력을 위해 브림을 선택해주는 것이 좋다.

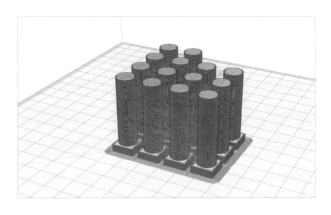

아하!

① 모델링에서 네모 모양의 홈과 주황색 네모는 크기가 같다. 하지만 실제 3D 프린터로 출력을 하면 두 출력물은 맞지 않는다. 재료의 열팽창 또는 압출 과정에서 눌림으로 인해 크기의 공차가 바뀌기 때문이다.

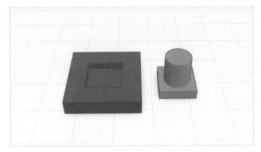

② Cura 프로그램에서는 수평 확장 (Horizontal Expansion)이라는 기능을 제공한다. 같은 크기로 모델링된 파트를 서로 맞춰줄 때 유용하게 사용할 수 있다. 사용 값은 프린터마다 다르다. 테스트해서 자신의 프린터에 맞는 값을 찾아야 한다.

③ 다은쌤이 가지고 있는 프린터에서는 −0.15 값을 넣었을 때는 조금 뻑뻑하게 들어갔다. −0.2 값을 넣었을 때는 두 출력물이 들어갔다.
불필요한 수평 확장은 작은 출력물의 디테일을 떨어트리거나 압출 불량을 발생시킬 수 있으니 필요할 때만 사용한다.

04 기둥, 지붕, 바닥을 각각 출력해준다.

 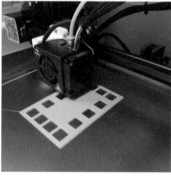 

05 출력이 완성된 모습이다. 기둥에 붙어 있던 브림을 제거해준다.

06 바닥과 지붕의 홈이 기둥과 잘 맞는지 확인한다. 크기가 맞지 않는다면 앞 페이지의 '수평 확장' 기능을 사용한다.

07 지붕의 홈에 목공 본드를 발라주
었다. PLA 필라멘트는 순간접착
제로 잘 붙지 않는다. 안전한 목공
본드 사용을 추천한다.

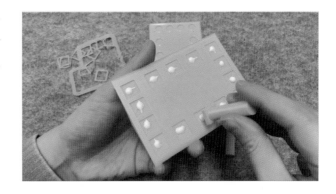

08 지붕에 기둥을 먼저 다 붙인 후 바
닥의 홈에 맞게 기둥을 끼워준다.

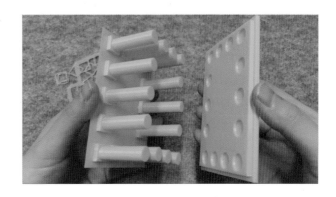

09 미니 신전이 완성되었다.
서포트를 사용하는 것이 항상 좋
은 방법은 아니다. 서포트를 사용
하지 않고 파트를 나눠서 출력하
여 만들었다. 지붕의 형상을 깔끔
하게 만들었을 뿐만 아니라 출력
시간도 줄였다.

PART
03

외벽과 모델링

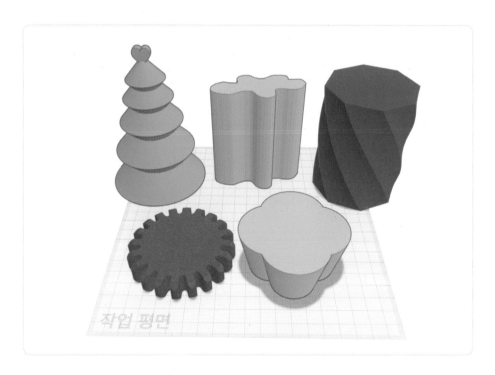

3D 프린터의 최대 약점은 출력 시간이 너무 오래 걸린다는 것입니다. 단단한 출력물이 필요한 것이 아니라면 출력 시간을 줄이면서 형상을 빠르게 만드는 방법을 없을까요?
슬라이서의 외벽만 출력하는 방식을 이해하고, 모델링과는 다른 형상의 출력물을 만들어 봅시다.

1 │ 다용도 그릇

2 │ 팔찌

3 │ 미니 트리 + LED 캔들

외벽(외곽 두께, Shell)

틴커캐드 모델링을 시작하기 전에 외벽에 대해 자세히 알아보자. 외벽은 FDM 3D 프린터로 출력할 때 형상의 가장 바깥쪽을 의미한다. 외벽의 두께는 사용하는 레이어 두께의 배수로 출력하는데 보통 3~4라인이다. 즉, 사용하는 레이어 두께가 0.2mm이고, 외벽의 수를 4라인으로 한다면 두께는 0.8mm이다.

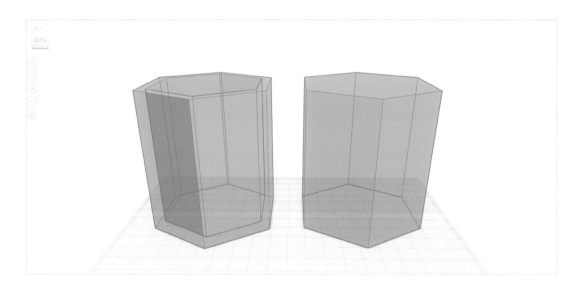

연필 꽂이를 만들기 위한 조금 다른 모양의 폴리곤 모델이다. 왼쪽 연필 꽂이는 모델링 자체에서 두께를 주고 모델링하였다. 오른쪽은 안이 꽉 찬 폴리곤 도형이다.

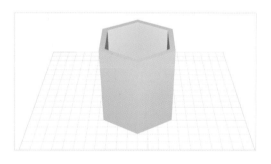

왼쪽 연필 꽂이를 슬라이서 프로그램에 가져와 보면 다음과 같다. 바닥에 붙는 면적이 충분하기 때문에 브림도 필요 없고, 공중에 뜬 형상도 없기 때문에 서포트도 필요 없다.

레이어뷰로 관찰해보면 연필 꽂이 벽 사이에 인필 패턴으로 채워지면서 출력된다는 것을 알 수 있다. 이렇게 출력한 출력물은 매우 단단하다. 하지만 출력 시간은 굉장히 오래 걸린다. 이 출력물을 0.3mm 레이어 기준으로 5시간이 걸린다.

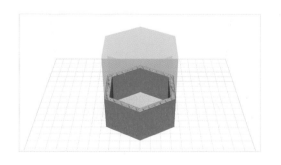

오른쪽의 폴리곤 도형은 앞선 왼쪽의 연필 꽂이
와 같은 크기의 도형이다. 대신 안이 파이지 않
고 꽉 찬 도형이다.

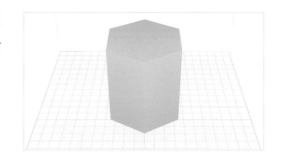

일반적인 방식으로 슬라이싱하고 출력하면, 안
쪽이 인필 패턴으로 꽉 채워지게 된다.
이렇게 출력하면 연필 꽂이로 사용할 수 없다.

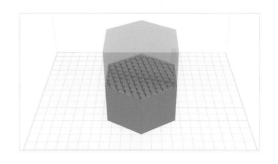

Cura에서는 특수 모드에서 '외부 윤곽선을 나선
형으로 만듦'이라는 기능이 있다. 이 기능은 인
필 0, 상단 레이어 0, 외벽 두께 1 레이어로 설정
했을 때와 같은 효과를 갖는다.

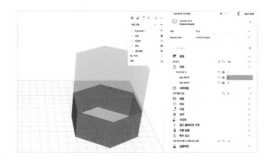

'외부 윤곽선을 나선형으로 만듦'으로 출력하면 형상의 가장 바깥쪽 외벽만 출력하게 된다. 두
꺼운 벽으로 출력된 왼쪽의 연필 꽂이보다 강도는 약하지만, 외벽만 출력한 연필 꽂이는 출력
시간이 1/5로 줄어들어 1시간 이내에 출력이 가능하다.

 영상보기

다은쌤의 틴커캐드
응용하기

 https://youtu.be/yL_tlwqDSVA

다용도 그릇

다용도로 사용할 수 있는 그릇을 만들어 보자. 높이에 따라 연필 꽂이, 화분 등 다양하게 사용할 수 있다. 모델링의 외벽만 출력해서 빠르게 출력물을 만들 수 있다.

 3D 프린팅으로 생각 확장하기

외벽만 쌓아 출력할 때 어떤 모양이 잘 출력될까?

1 틴커캐드로 모델링

자유형 연필 꽂이

01 손그림(Scribble)을 작업 평면 위로 가져온다.

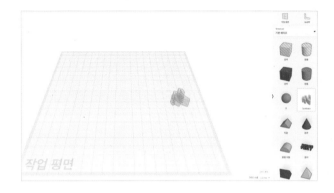

02 연필 모양의 '그리기' 기능으로 자신이 원하는 자유 형상의 모양을 그린다.

03 슬라이서 프로그램에서 외벽만 출력할 것이기 때문에 안은 채워져 있어야 한다. '그리기' 기능으로 안을 색칠하여 채울 수도 있다.

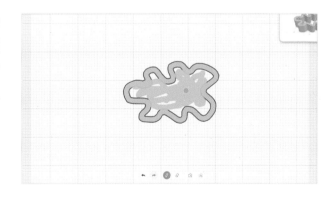

04 '그리기' 기능보다는 '쉐이프 그리기' 기능을 추천한다. 선이 아니라 안쪽이 채워진 면으로 더 쉽게 그릴 수 있다.

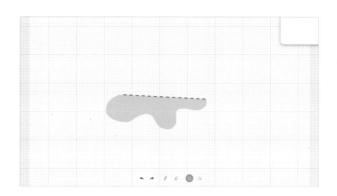

05 원하는 형상을 다 그렸으면, 오른쪽 하단의 '종료'를 눌러 작업 평면 화면으로 나간다.

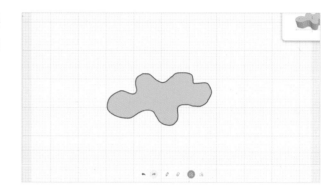

06 자신이 필요한 크기로 치수를 조정한다.

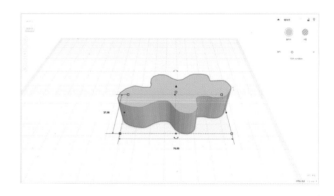

07 높이도 조정한다. 이 책에서는 연
필 꽂이로 사용할 예정이라 높이
를 85mm로 설정하였다. "stl" 파
일로 내보내기한다.

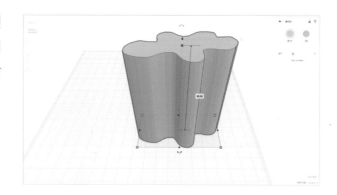

미니 그릇

01 원추 도형을 작업 평면에 가져온
다. 측면의 값을 64로 설정하여 둥
글게 만든다.

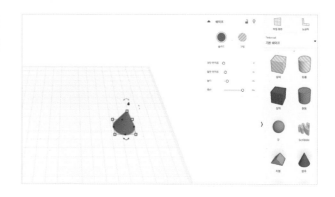

02 원추 도형의 상단 지름을 15mm
로 한다. 원뿔 모양에서 윗면이 더
넓은 모양으로 바뀌었다.

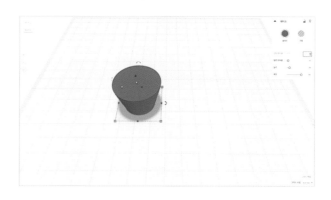

03 원추 도형을 하나 더 복사, 붙여넣기한다.

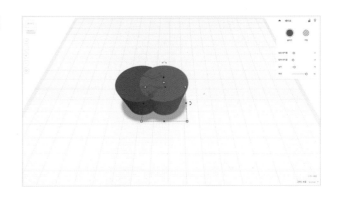

04 Shift 를 누르고 일직선상에서 복사된 원추 도형을 이동한다. 바닥면을 평평하게 만들기 위해 원추 도형 사이의 간격은 너무 벌리지 않는다.

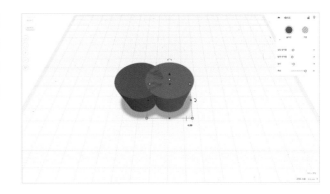

05 두 도형을 함께 선택한다. Ctrl + D 를 눌러 같은 자리에 도형을 복제한다.

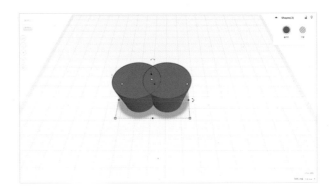

06 복제된 도형을 90° 회전한다.

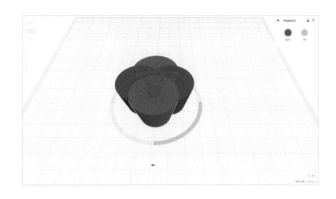

07 모든 도형을 선택하고 하나의 그룹으로 만든다.

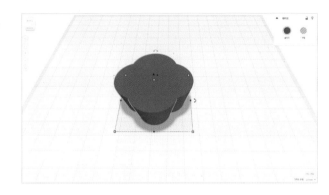

08 원하는 크기로 수정한다. 높이도 사용 용도에 맞게 조정한다. "stl" 파일로 다운로드한다.

② FDM 3D 프린터로 출력하기

01 자유형 모델링 "stl" 파일을 사용
할 프린터에 맞는 슬라이서 프로
그램에 불러온다. 윗면이 막혀있고
안이 꽉 찬 도형이다.

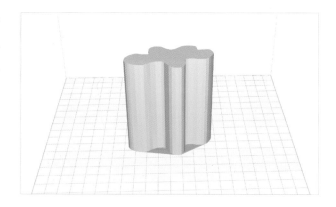

02 Cura 슬라이서의 특수모드에서
'외부 윤곽선을 나선형으로 만듬'
을 선택하고 레이어뷰로 전환한다.
노란색의 바닥 면이 보인다. 빨간
색의 가장 바깥쪽 모양을 따라서
만든 외벽만 출력되는 모습을 확
인 할 수 있다.

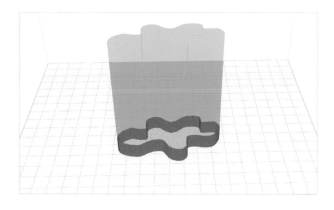

03 미니 화분형 모델링도 마찬가지이다. "stl" 모델링 파일은 윗면이 막혀있고, 안이 꽉 찬 도형이
다. 역시 외벽만 출력하여 그릇 형식으로 만들어 다용도로 사용할 예정이다.

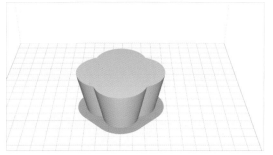
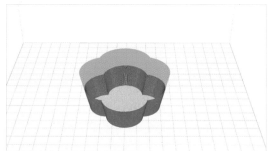

04 자유형 모델과 미니 화분형 모델을 각각 FDM 3D 프린터로 출력했다. 외벽만 따라서 출력하기 때문에 이전 모델과 다르게 굉장히 빠르게 출력된다.

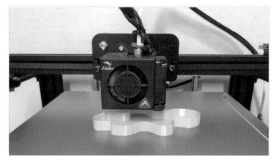 

05 자유롭게 생긴 연필 꽂이다. 벽 두께가 1 레이어로 얇고 말랑말랑한 느낌이다. 딱딱하지는 않지만 연필 꽂이로 사용하기에는 충분하다.

💡 **아하!**

다양한 모양으로 연필 꽂이를 만들 수 있다. 오른쪽 사진은 틴커캐드의 쉐이프 생성기의 '모두'의 7페이지에 있는 꼬인 폴리곤 도형이다. 추가 모델링 없이 크기만 바꿔서 "stl" 파일로 내보내고 외벽만 출력하였다.

어떤 모양을 외벽만 출력해서 사용하면 좋을까?

06 외벽만 출력해서 만든 작은 그릇이다. 0.3 레이어로 출력했을 때 25분이 걸렸다.

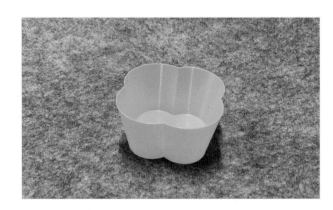

07 다은쌤은 다육이 식물을 심어 미니 화분으로 사용하고 있다. 어떤 용도로 미니 그릇을 사용할 수 있을까?

💡 아하!

미니 그릇의 모양은 위쪽 면이 아래쪽보다 넓다. 그래서 여러 개의 같은 출력물을 뽑으면, 종이컵처럼 서로 겹쳐 놓을 수 있다.

어떤 모양이 외벽만 출력했을 때 서로 겹치게 만들 수 있을까?

02 팔찌

틴커캐드로 팔찌를 만들어 보자. 팔찌를 손목에 쉽게 착용하고 뺄 수 있게 모양이 자유롭게 움직이는 것이 좋다. 어떤 모양이 딱딱한 플라스틱을 자유롭게 만들 수 있을까?

🎲 3D 프린팅으로 생각 확장하기

앞선 다용도 그릇에서는 바닥 면과 외벽을 출력하였다. 바닥 면도 출력하지 않고 오직 외벽만 출력하면 모양이 어떻게 될까? 어떤 모양이 탄성을 가질까?

⬜1 틴커캐드로 모델링

✦ 팔찌 몸통

01 구 도형을 작업 평면으로 가져온
다. 단계를 24로 설정하여 동그랗
게 만든다.

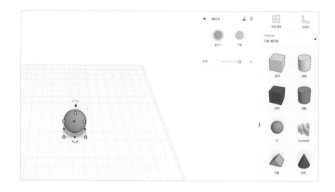

02 구멍 상자 도형을 가져온다.

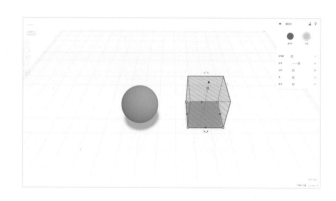

03 구멍 상자 도형은 높이를 5mm로
만든다.

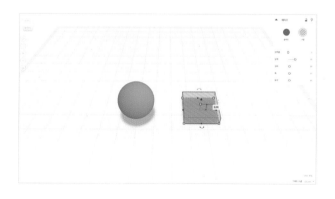

04 구멍 상자 도형을 복사, 붙여넣기 하여 하나 더 만든다.

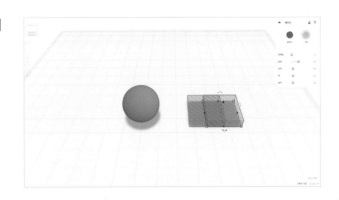

05 하나의 구멍 상자 도형과 구 도형을 함께 선택한다. [Shift]를 누른 상태로 각각의 도형을 클릭하면 된다.

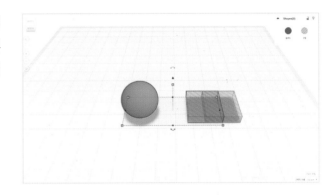

06 정렬 기능을 실행한다. 단축키는 [L]이다.
두 도형을 Z축 방향으로 상단 정렬을 한다. 구멍 상자 도형이 위로 올라간다.

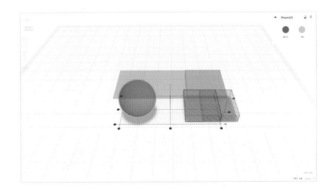

07 2개의 구멍 상자 도형과 구 도형을 모두 다 선택한다. 정렬 기능을 실행한다.

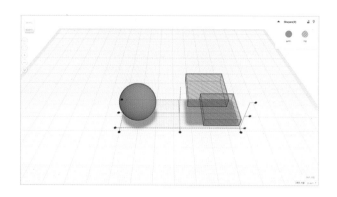

08 X, Y축 방향으로 가운데 정렬을 한다. 구 도형의 위와 아래를 구멍 도형을 이용해 자를 것이다.

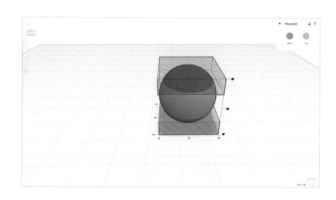

09 정렬 후 도형들을 하나의 그룹으로 만든다. 위, 아래가 잘린 구 도형이 생겼다. 키보드의 D 를 눌러 작업 평면 위에 붙인다.

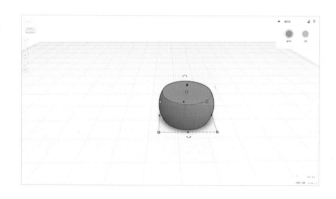

10 구 도형을 키워 준다. 이 크기는
자신이 들어갈 손목의 크기이다.
자신의 손목에 알맞게 크기를 변
경한다.

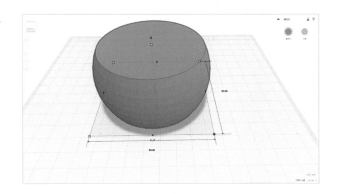

11 높이를 15mm로 변경하였다.
팔찌 몸통은 잠깐 옆으로 옮겨놓
는다.

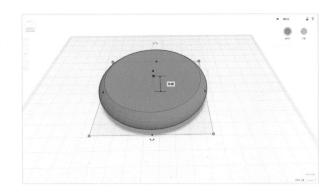

🔷 팔찌 패턴

01 원통 도형을 가져와 측면의 값을
64로 설정한다. 상자 도형도 하나
가져온다.

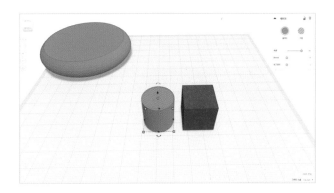

02 원통 도형을 복사, 붙여넣기한다.
하나의 원통 도형은 상자 도형의
윗변에 그림과 같이 가져간다.

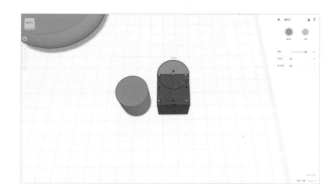

03 원통 도형과 상자 도형을 같이 선
택하여 크기를 확인해본다. Y축 길
이가 30mm면 원통의 중앙에 상
자가 위치하는 것이다.

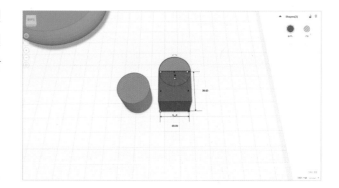

04 원통 도형과 상자 도형을 선택해
하나의 그룹으로 만든다.

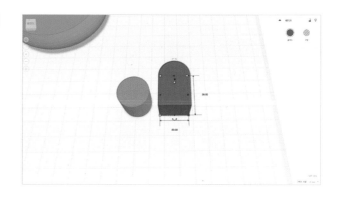

05 상자 도형을 하나 더 가져온다.
X축 방향으로 60mm, Y축 방향으로 20mm가 되게 크기를 키운다.

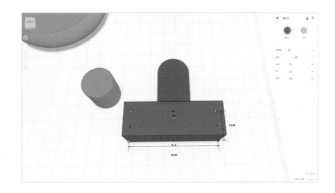

06 눈금자 기능을 실행한다. 단축키로
는 $\boxed{R}$ 이다.
앞서 가져온 상자 도형의 왼쪽 아래
모서리 점을 원점으로 클릭한다.

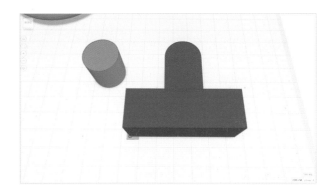

07 원점과 상자 도형의 거리가 0, 0
인지 확인한다.

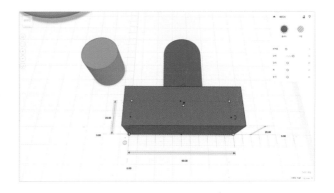

08 앞서 그룹으로 만든 둥근 상자 도형의 위치를 X축 방향은 20mm, Y축 방향은 18mm로 설정한다.

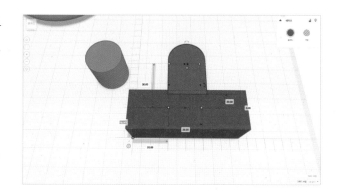

09 원통 도형을 구멍으로 바꾼다. 구멍 원통 도형을 복사, 붙여넣기한다.

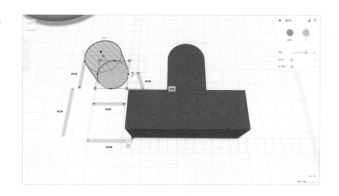

10 구멍 원통 도형의 위치를 잡는다. 왼쪽 구멍 도형의 X축 방향은 0mm, Y축 방향은 10mm로 설정한다.

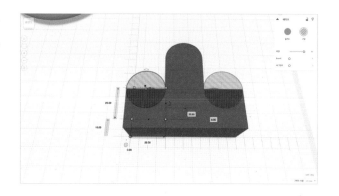

11 오른쪽 구멍 원통 도형은 X축 방향은 40mm, Y축 방향은 10mm로 설정한다.
눈금자를 다 사용하고 원점 옆에 있는 X를 누른다.

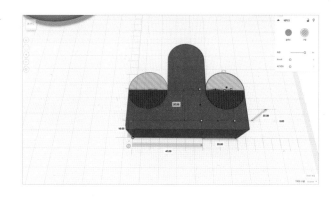

12 4개의 도형을 선택하여 하나의 그룹으로 만든다.

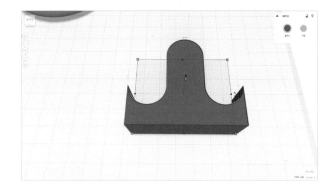

13 [Shift]를 누르고 크기를 줄여준다.
이 책에서는 X축 길이는 20mm, Y축 길이는 16mm로 하였다.

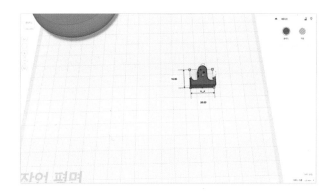

13 도형을 복사, 붙여넣기한다.
반전 기능을 사용하여 추가된 도
형의 모양을 뒤집는다. 반전 기능
의 단축키는 M이다.

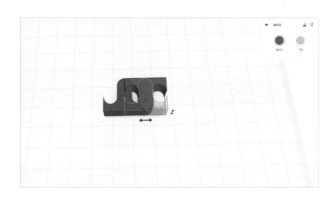

14 두 도형이 80mm 정도 떨어지게
위치시켰다.

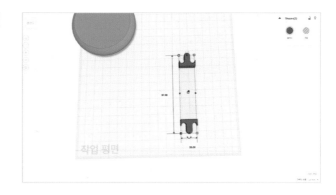

15 두 도형을 선택하여 X축 방향으로
가운데 정렬을 하였다. 정렬 후 두
도형을 하나의 그룹으로 만든다.

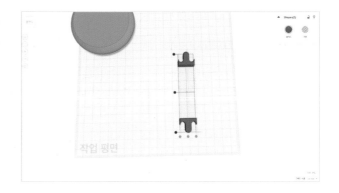

16 [Ctrl]+[D]를 눌러 도형을 하나 복
제한다. 복제된 도형을 회전한다.
이 책에서는 18° 회전하였다. 회전
하는 각도에 따라 패턴의 반복 숫
자가 달라진다.

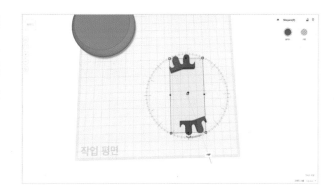

17 [Ctrl]+[D]를 반복적으로 누른다.
360° 한바퀴 패턴이 반복될 때까
지 복제를 해준다.

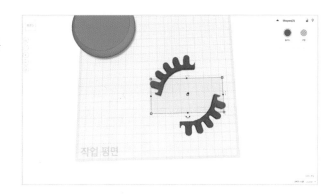

18 패턴이 완성되면 복제된 도형들을
선택하여 하나의 그룹으로 만든다.

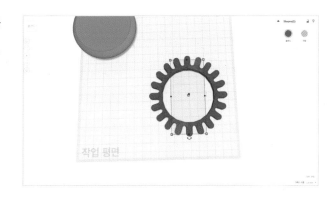

19 원통 도형을 가져온다. 패턴의 안쪽에 빈 공간을 모두 채울 수 있게 위치와 크기를 조정한다. 도형의 높이는 상관이 없다.

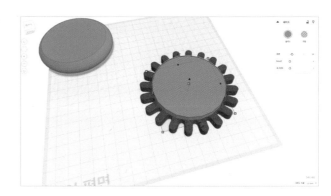

20 원통 도형과 패턴을 선택하여 하나의 그룹으로 만든다.

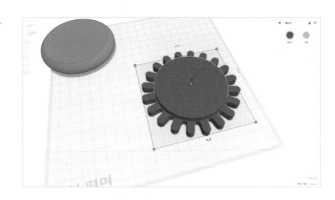

21 앞서 만든 도형을 구멍 도형으로 만든다.

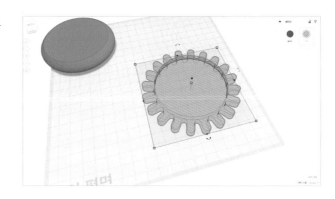

22 구멍 도형의 높이를 키워준다.

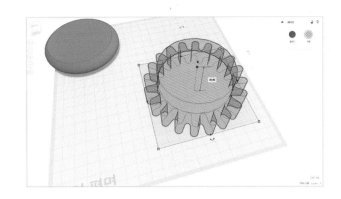

23 상자 도형을 가져온다.

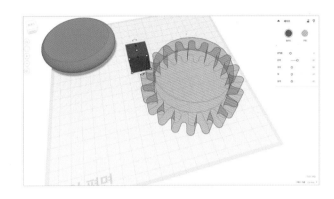

24 상자 도형이 패턴 구멍 도형을 모
두 덮을 수 있게 크기를 키워준다.
X, Y축 길이는 같게 크기를 키운다.

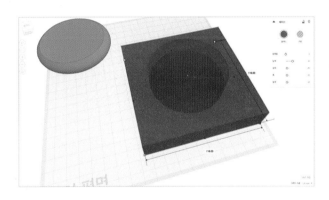

25 상자 도형의 높이를 낮춘다. 반 투명의 패턴 도형이 빨간 상자 도형보다 높아야 한다.

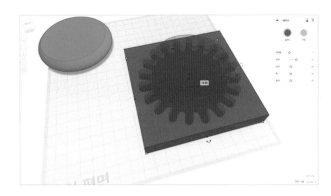

26 두 도형을 가운데 정렬한다.

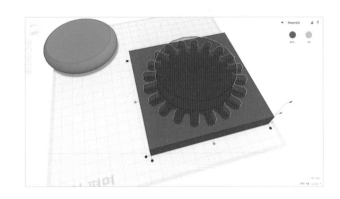

27 정렬 후 두 도형을 그룹으로 만든다. 상자 도형의 가운데 패턴 모양으로 구멍이 뚫렸다.

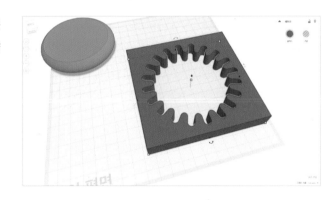

28 이 도형이 다시 구멍 도형이 된다.

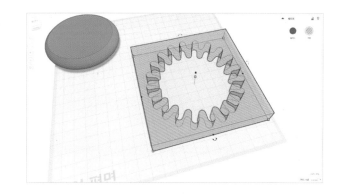

29 앞서 만들어 놨던 팔찌 몸통을 가져온다.

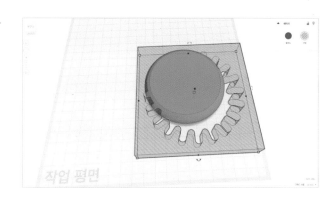

30 팔찌 도형의 크기는 변경하지 않는다. 대신 구멍 도형의 크기를 바꿔서 팔찌 도형의 바깥쪽에 잘 겹칠 수 있게 위치시킨다.

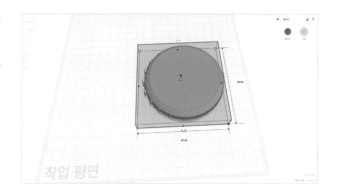

31 구멍 도형의 높이를 팔찌 도형보다 높게 만든다.

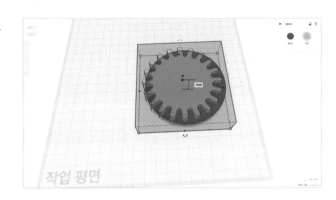

32 두 도형을 선택하여 가운데 정렬을 한다. 화면을 360° 회전하여 구멍 도형이 팔찌 도형을 잘 겹쳐졌는지 확인한다.

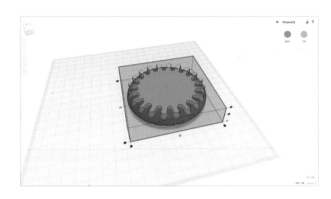

33 두 도형을 하나의 그룹으로 만든다. 톱니 바퀴 같은 모양의 도형이 만들어졌다. "stl" 파일로 내보내기한다.

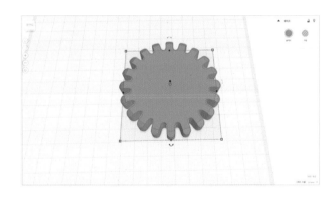

2 FDM 3D 프린터로 출력하기

01 팔찌 모델링 "stl" 파일을 사용할
프린터에 맞는 슬라이서 프로그램
에 불러온다.
윗면이 막힌 덩어리 모양이다.

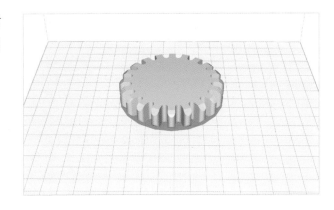

02 Cura 슬라이서에서 특수 모드에
서 '외부 윤곽선을 나선형으로 만
듬'을 선택하고 레이어뷰로 전환한
다. 빨간색의 가장 바깥쪽 모양의
외벽이 보인다. 팔찌는 손을 끼워
야 하기 때문에 노란색으로 표현
된 바닥 면이 필요 없다.

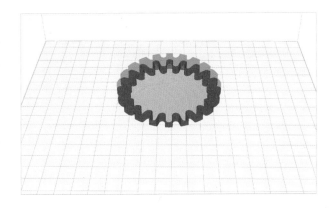

03 '하단 레이어' 값을 0으로 만든다.
바닥 면을 출력하지 않겠다는 의
미이다. 다시 레이어뷰로 확인하니
노란색 바닥이 사라지고 빨간색의
외벽 형상만 남았다.

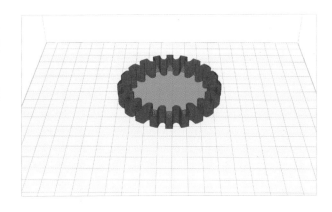

04 FDM 3D 프린터로 출력한다. 바닥도 없고 외벽만 출력하기 때문에 0.3mm 레이어를 기준으로 출력 시간이 15분 밖에 걸리지 않았다.

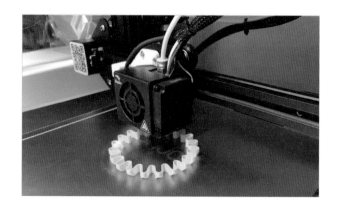

05 출력이 완성된 팔찌이다. 손목에 맞지 않는다면 크기를 조금 키우거나 줄여서 뽑으면 된다.

💡**아하!**

딱딱한 플라스틱임에도 불구하고 지그재그로 만들어진 모델을 탄성을 갖게 된다.

어떤 모양이 이런 탄성을 가질 수 있을까? 또한 모양의 반복 횟수에 따라 탄성이 어떻게 달라질까?

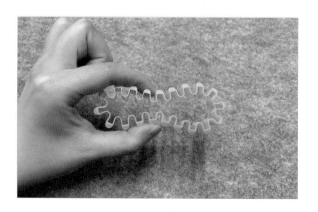

03 미니 트리 + LED 캔들

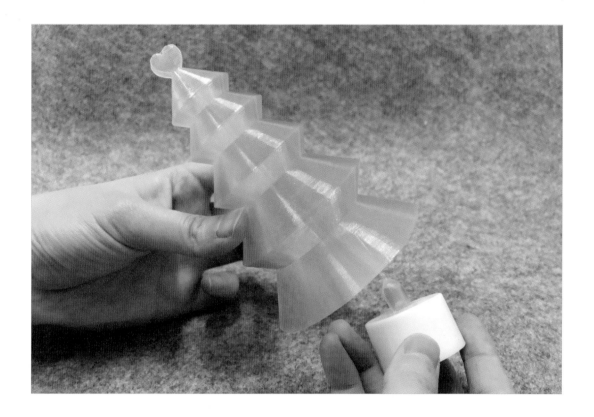

틴커캐드로 미니 트리를 만들어 보자. 트리 모양을 만들고 외벽만 출력한 다음, 안에는 LED
캔들을 넣어 빛나게 만들 트리다.

🔲 3D 프린팅으로 생각 확장하기

앞에 PART 02에서 서포트와 오버행 각도에 대해서 배웠다. 서포트를 사용하지 않고 출력
할 수 있는 미니 트리는 어떻게 생겼을까?

1 모델링에 들어가기 전에

주의! 외벽을 출력할 수 없는 모양

01 원추 도형을 작업 평면 위에 가져
온다. 측면의 값을 64로 만들어 둥
글게 한다.

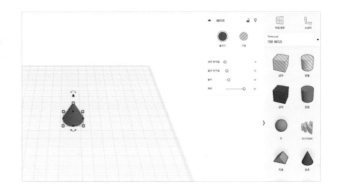

02 모서리 점을 잡아 당겨 크기를 키
운다. 아래 면이 더 넓은 원추 도
형으로 만든다.

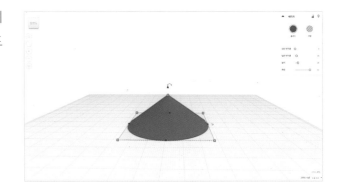

03 Ctrl+D를 눌러 도형을 복제한다.
복제된 도형을 Z축 방향으로 위로
올린다. 그 다음 Shift+Alt를 눌
러 중심의 위치를 고정한 다음에
크기를 줄여준다.

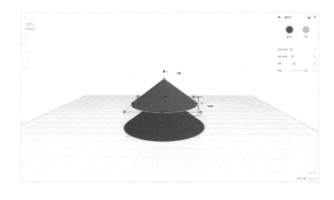

04 Ctrl+D를 반복적으로 눌러준다. 크기가 작아지면서 Z축 방향으로 이동한 원추들이 계속 생긴다. 트리 모양이 만들어졌다.

05 앞서 만든 트리 모양을 슬라이서 프로그램에 가져왔다. 원추의 바닥 면이 공중에 떠 있기 때문에 서포트가 있어야 출력이 가능하다.

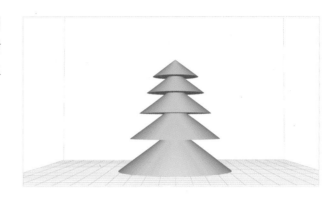

06 Cura 슬라이서의 특수모드에서 '외부 윤곽선을 나선형으로 만듦'을 선택하고 레이어뷰로 본 모습이다. 바닥 면과 수평인 면은 외각이 형성되지 않는다.
이 모양의 트리는 절대로 외벽을 출력할 수 없다.

② 틴커캐드로 모델링

01 원추를 가져와 측면의 값을 64로
　　만들어 둥글게 한다. 원추는 나중
　　에 LED 캔들을 넣을 수 있는 크
　　기로 키운다. 크기를 키운 원추 도
　　형을 복사, 붙여넣기하여 3개를 만
　　든다.

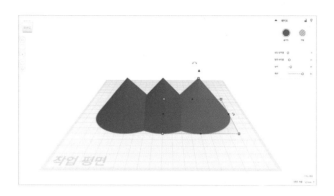

02 하나의 원추 도형을 180° 회전하
　　여 위, 아래 방향을 바꾼다.

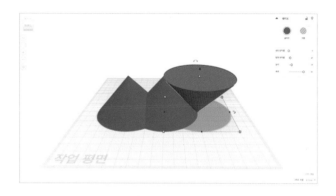

03 구멍 상자 도형을 가져온다. 크기
　　를 키워서 회전한 원추 도형의 아
　　래 뿔에 위치한다.

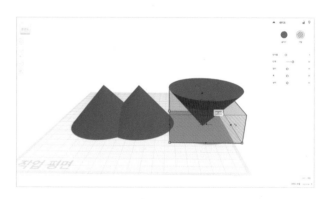

04 회전한 원추와 구멍 도형을 그룹으로 만든다. 아래 뿔 모양이 사라졌다.

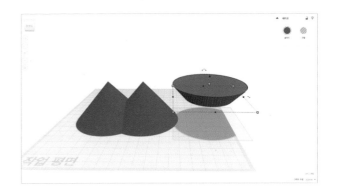

05 D를 눌러 공중에 떠 있는 도형을 작업 평면 바닥에 붙였다. 도형의 Z축의 높이를 확인한다. 이 책에서는 15mm였다.

06 다른 원추 도형을 앞서 확인한 높이만큼 Z축 방향으로 올려준다.

07 두 원추 두형을 가운데 정렬을 한
다. 정렬 후, 두 도형은 하나의 그
룹으로 만든다.
바닥 면에 완만한 경사각을 갖은
원추 도형은 외벽을 뽑을 수 있다.

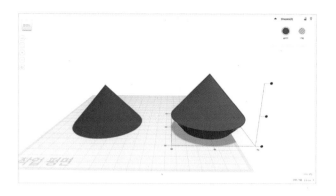

08 그룹된 도형을 나머지 하나의 원
추 도형의 위로 움직인다. 크기는
조금 줄여준다.

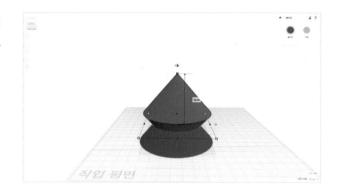

09 두 도형을 가운데 정렬한다.
위에 올라가 있는 원추 도형만 선
택하고 Ctrl + D 를 누른다.

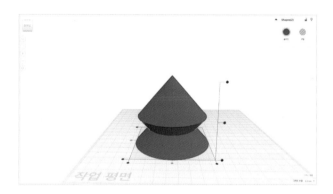

10 복제된 도형을 Z축 방향으로 위로
올린다. [Shift]+[Alt]를 눌러 중심
위치를 고정한 상태에서 크기를
조금 줄여준다.

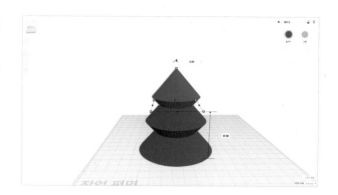

11 [Ctrl]+[D]를 반복적으로 누른다.
위로 점점 작아지는 트리가 반복
적으로 만들어진다. 다 만들었으면
트리 전체를 선택하여 하나의 그
룹으로 만든다.

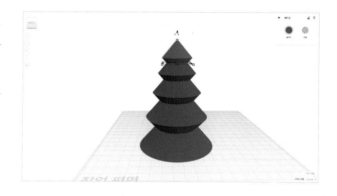

12 상단에 올린 도형을 하나 선택해
가져온다. 이 책에서는 하트 도형
을 가져왔다.

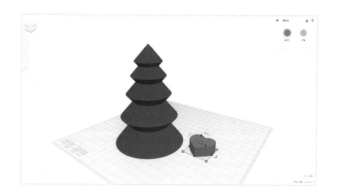

13 [Shift]를 누른 상태에서 도형의 비율을 유지한 채로 크기를 줄인다.

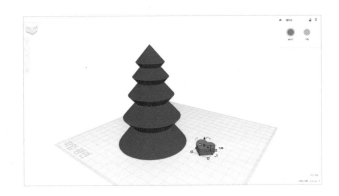

14 도형을 90°로 회전하여 작업 평면에 수직으로 세워준다.

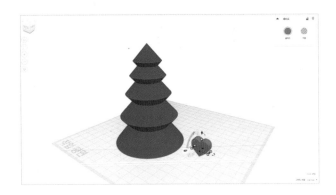

15 도형을 Z축 방향으로 위로 올린다.

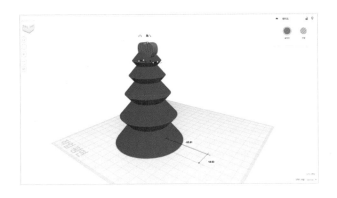

16 트리와 하트 도형을 선택하여 가
운데 정렬을 한다.

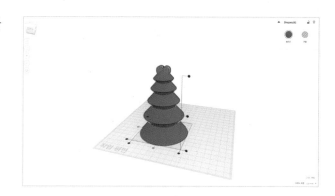

17 하트의 크기와 위치를 알맞게 수
정한다.

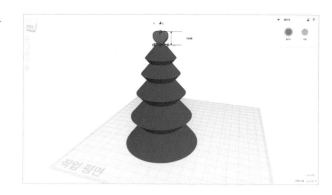

18 미니 트리가 완성되었다. 전체를
선택하여 하나의 그룹으로 만든다.
"stl" 파일로 내보내기한다.

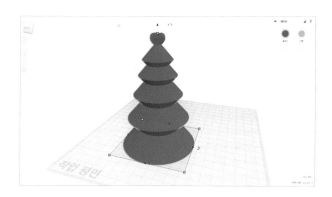

③ FDM 3D 프린터로 출력하기

01 트리 모델링 파일을 불러와 '외부 윤곽선을 나선형으로 만듬'을 선택하고 레이어뷰로 전환했다. 아래로 LED 캔들을 넣기 위해서 노란색으로 표현된 바닥 면이 필요 없다.

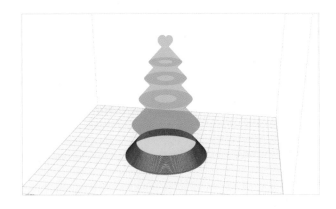

02 하단 레이어 값을 0으로 만든다. 바닥 면을 출력하지 않겠다는 의미이다. 트리는 높이가 높아 출력 시간이 팔찌보다 길다. 그래서 안전한 출력을 위해 브림을 선택하고 출력한다.

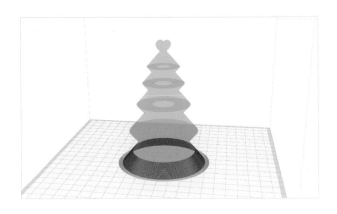

03 앞에 165페이지에 나온 트리 모양과 다르게 수평으로 떠 있는 면이 없다. 완만하게 일정 각을 유지하면서 외벽만 출력이 잘 된다.

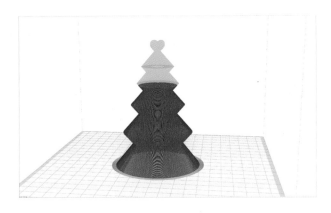

04 FDM 3D 프린터로 출력한다.
LED를 안에 넣는 출력물은 투명
필라멘트로 뽑으면 더 좋다.

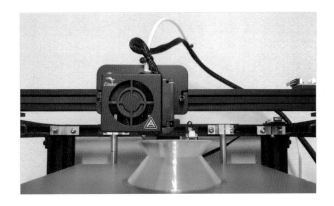

05 출력이 완료되고 아래 LED 캔들
을 넣은 모습이다.

아하!

외벽을 쌓아 만든 미니 트리의 주변
을 3D펜으로 꾸며보자. 좀 더 다양
한 모양과 색상의 트리를 만들 수
있다.

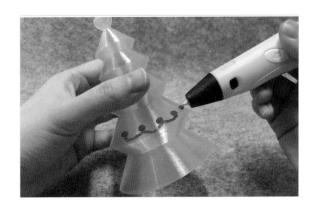

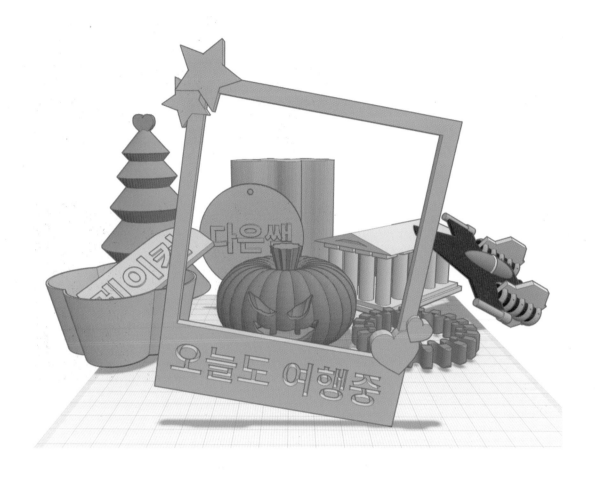

오늘도 3D 모델링, 3D 프린팅 여행 중

이 책을 통해 FDM 3D 프린터 출력의 기본적인 브림, 서포트, 외벽을 알아보았다.
10개의 모델링을 만들고 직접 출력을 해보면서 어떤 모양이 잘 출력될 수 있는지, 어떻게 하면
출력 시간을 줄일 수 있는지 경험했을 것이라 믿는다.

책에 있는 질문들을 생각해보며 더 재미난 모양을 응용하고 실험해보았을 것이다.
틴커캐드 3D 모델링과 3D 프린팅은 여러분의 표현을 기다리는 무한한 세계이다.
책을 넘어서, 이제는 나의 아이디어를 만들어 보자!

메이커 다은쌤의
3D 프린팅을 위한
틴커캐드

1판 1쇄 발행 2020년 9월 30일

저   자 | 전다은

발 행 인 | 김길수

발 행 처 | (주)영진닷컴

주   소 | (우)08507 서울 금천구 가산디지털1로 128
STX-V타워 4층 401호

등   록 | 2007. 4. 27. 제16-4189호

©2020. (주)영진닷컴

ISBN | 978-89-314-6306-4

YoungJin.com **Y.**
영진닷컴

영진닷컴 SW 교육

영진닷컴은 초·중학생들이 SW 교육을 쉽게 배울 수 있도록
언플러그드, EPL, 피지컬 컴퓨팅 등 다양한 도서를 구성하고 있습니다.
단계별 따라하기 방식으로 재미있게 설명하고, 교재로 활용할 수 있도록
강의안과 동영상을 제공합니다.

인공지능,
언플러그드를 만나다
홍지연 저
202쪽 | 16,000원

인공지능,
스크래치를 만나다
홍지연 저
152쪽 | 14,000원

언플러그드 놀이
코딩 보드게임
홍지연, 홍장우 공저
172쪽 | 15,000원

언플러그드 놀이
교과 보드게임
홍지연, 홍장우 공저
194쪽 | 15,000원

스크래치야!
과학이랑 놀자 3.0
김미의, 김현정, 이미향 공저
200쪽 | 12,000원

코딩프렌즈와 함께 하는
엔트리 게임 챌린지
지란지교에듀랩 저
216쪽 | 13,000원

즐거운 메이커
놀이 활동 언플러그드
홍지연 저
112쪽 | 12,000원

즐거운 메이커
놀이 활동 마이크로비트
홍지연 저
112쪽 | 12,000원

메이크코드로 만드는
마인크래프트 테마파크
에이럭스 교육연구소 저
256쪽 | 16,000원

알버트 AI로봇과 함께하는
즐거운 엔트리 코딩 카드코딩
홍지연 저
168쪽 | 15,000원

아두이노,
상상을 현실로 만드는
프로젝트 입문편
이준혁, 최재규 공저
296쪽 | 18,000원

마이크로비트,
상상을 현실로 만드는
프로젝트 입문편
이준혁 저
304쪽 | 18,000원